LES DOSSIERS HACHETTE

Le XXe siècle et notre époque

cycle 3

JEAN-MICHEL LAMBIN
AGRÉGÉ D'HISTOIRE

hachette
ÉDUCATION

Je remercie particulièrement **Aliette de Buffières**, professeur des écoles, qui a collaboré à cet ouvrage en écrivant les pages *À la manière de…*

Responsable de projets : Marie LUCAS

Création de la maquette de couverture : Laurent CARRÉ et Estelle CHANDELIER

Exécution de la maquette de couverture : TYPO-VIRGULE

Illustrations de la couverture : Alain BOYER

Création de la maquette intérieure : Laurent CARRÉ

Mise en pages : TYPO-VIRGULE

Cartes et axes chronologiques : Nathalie GUÉVENEUX

Recherche iconographique : Cécile FALAQUE

Fabrication : Nicolas SCHOTT

ISBN : 978-2-01-117446-8

AVANT-PROPOS

Avec ce sixième ouvrage s'achève la collection **LES DOSSIERS HACHETTE** Histoire. Pour l'étude du XXe siècle et de l'époque actuelle comme pour celle des périodes précédentes, ces ouvrages ont à la fois pour finalité de faire découvrir l'Histoire et de montrer que l'action de cette dernière est toujours perceptible dans le monde d'aujourd'hui.

Le Dossier Hachette LE XXe SIÈCLE ET NOTRE ÉPOQUE raconte l'Histoire en s'appuyant sur l'étude de documents historiques et en usant d'un discours scientifique adapté aux élèves de CM2. Il a pour objectif à la fois l'apprentissage des grandes lignes de l'histoire de la nation française et la découverte des racines de notre civilisation occidentale.

Chaque dossier est divisé en chapitres de six pages :
- La première double page introduit un thème historique essentiel dans l'histoire du XXe siècle en France (*Comment la Première Guerre mondiale a-t-elle commencé ?, Quel est le bilan de la Seconde Guerre mondiale ?, Qu'est-ce que la révolution scientifique et technique ?*).
- La deuxième double page, intitulée *Sur les traces de...*, vise à approfondir les sujets étudiés, à l'aide de documents et de questions qui guident l'acquisition de connaissances et la réflexion de l'élève.
- La troisième double page, intitulée *L'héritage de...*, insiste sur différents aspects de l'actuel héritage du passé. Elle s'achève par un *lexique* contenant les définitions indispensables et par un récit chronologique, le *Carnet de route*, point de départ d'une mémorisation nécessaire des grands traits de l'Histoire.

Chaque chapitre propose des documents variés : photographies et textes essentiels, toujours précisément datés ; cartes historiques, tableaux, schémas, axes chronologiques.

Le Dossier LE XXe SIÈCLE ET NOTRE ÉPOQUE est découpé en huit chapitres :
- les chapitres 1 à 3 sont consacrés à la période des deux Guerres mondiales, de 1914 à 1945 ;
- les chapitres 4 et 5 s'attachent à expliquer des aspects de la vie politique française de 1940 à nos jours (général de Gaulle et la Ve République) ;
- les chapitres 6 et 7 mettent l'accent sur les bouleversements scientifiques, économiques et sociaux que le XXe siècle a connus ;
- le chapitre 8 s'intéresse au processus de construction européenne depuis 1945.

Tous les trois chapitres, une double page « *À la manière de...* » permet de :
- découvrir et raconter des situations de l'époque (la vie dans les camps de concentration) ;
- pratiquer des activités interdisciplinaires (rédiger, dessiner, construire une affiche...).

À la fin de l'ouvrage figurent un petit dictionnaire reprenant les mots des lexiques et une frise chronologique couvrant la période allant de 1914 au début du *XXIe siècle*. Deux cartes de synthèse sont proposées sur les gardes (le monde en 1914 et le monde aujourd'hui).

Jean-Michel Lambin

SOMMAIRE

LE XXe SIÈCLE

ET NOTRE ÉPOQUE

COMMENT LA PREMIÈRE GUERRE

En août 1914, une guerre éclate entre la France et ses alliés d'une part, et l'Allemagne et l'Autriche-Hongrie d'autre part.
Cette guerre s'étend progressivement au monde entier.
Elle s'achève par la victoire de la France et de ses alliés.
Un traité de paix est signé à Versailles en 1919.

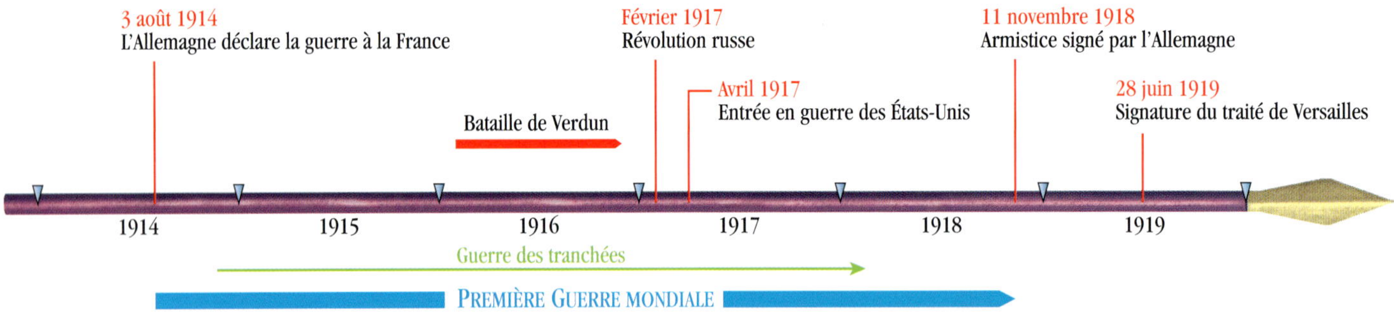

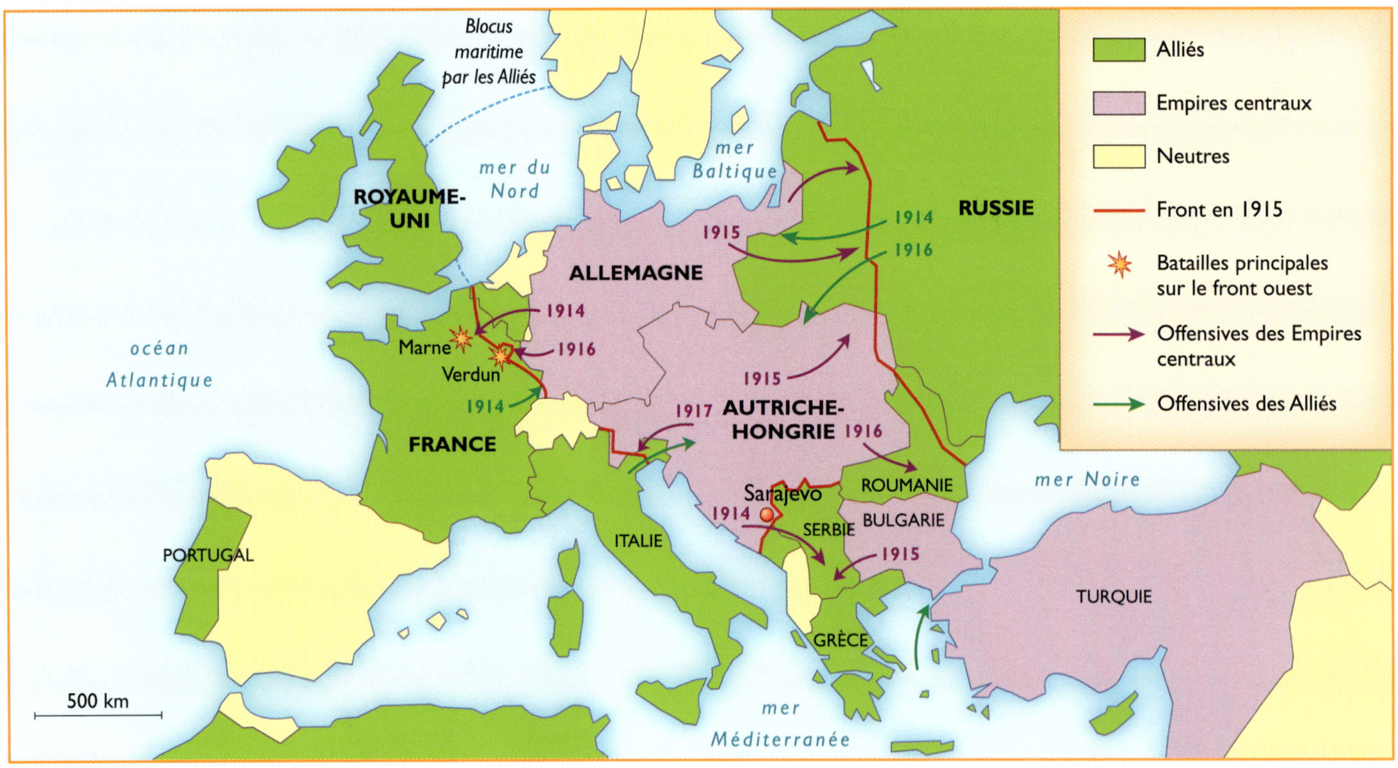

Doc. 1 L'Europe en guerre.

1. Quels sont les États alliés de la France ?

2. Quels sont les États alliés de l'Allemagne ?

3. Dans quels pays européens se déroule principalement la guerre de 1914-1918 ?

MONDIALE A-T-ELLE COMMENCÉ ?

Doc. 2 L'assassinat de l'archiduc d'Autriche, à Sarajevo, le 28 juin 1914 (gravure italienne, 1914).
En août 1914, l'assassinat de l'archiduc autrichien François-Ferdinand par un Serbe déclenche une guerre entre la Serbie et l'Autriche-Hongrie. En raison de traités d'alliance entre l'Allemagne et l'Autriche-Hongrie d'une part, la France, la Russie et la Serbie d'autre part, la guerre s'étend à toute l'Europe.

4. Comment l'archiduc est-il assassiné ?

5. Dans quel pays est située la ville de Sarajevo en 1914 ? Aide-toi du Doc. 1 page 6.

L'UNION SACRÉE

« Étroitement unie en un même sentiment, la nation persévérera dans le sang-froid. Elle est fidèlement secondée par la Russie, son alliée ; elle est soutenue par la loyale amitié de l'Angleterre. Elle représente aujourd'hui, une fois de plus, devant l'univers, la liberté, la justice et la raison. Elle sera héroïquement défendue par tous ses fils, dont rien ne brisera, devant l'ennemi, l'union sacrée et qui sont aujourd'hui fraternellement assemblés dans une même indignation contre l'agresseur et dans une même foi patriotique. »

Discours de Raymond Poincaré, président de la République française, 4 août 1914.

Doc. 3

6. Qui prononce ce discours ? Quelle fonction occupe-t-il ?

7. Quels sont les alliés de la France nommés dans ce texte ?

8. Au nom de quelles idées l'auteur appelle-t-il à l'union sacrée ?

Doc. 4 La guerre de mouvement, été 1914 (soldats français partant à l'assaut, août 1914).

9. Que font ces soldats ?

10. Pourquoi parle-t-on de « guerre de mouvement » pour cette période ?

Doc. 1 La guerre de tranchées (poilus dans une tranchée, entre 1915 et 1918).

1. Où sont ces soldats ? Que font-ils ? Compare avec le Doc. 4 page 7.

2. Pourquoi parle-t-on de « guerre de position » pour cette période ?

LETTRES DE POILUS

19 mai 1915

Les camarades tombent tout autour de moi, je ne vois plus rien, mais chose curieuse, je n'avais pas peur. [...] Pour tirer plus juste nous montons sur le talus de la tranchée. Là nous les tuons au fur et à mesure qu'ils avancent dans le boyau où ils ne peuvent passer qu'un à un. Mais leurs bombes tombent toujours, et c'est terrible de voir les camarades hachés, je suis tout couvert de sang.

Jules Gillet, fils d'un agriculteur des Vosges, a survécu à la guerre.

25 mars 1916, Verdun

Ma Chère Mère,

Tu as raison de prier pour moi, nous avons tous besoin que quelqu'un prie pour nous, et moi-même bien souvent quand les obus tombaient autour de moi, je murmurais les prières que j'ai apprises quand j'étais petit, et tu peux croire que jamais prières ne furent dites avec plus de ferveur.

Gaston Biron, mort en 1916.

Paroles de poilus, coll. « Librio », 2004.

Doc. 2

3. Qui sont les « poilus » ? Cherche pourquoi on les a surnommés ainsi.

4. Que raconte Jules Gillet sur les combats ?

5. Que fait Gaston Biron pour supporter la guerre ?

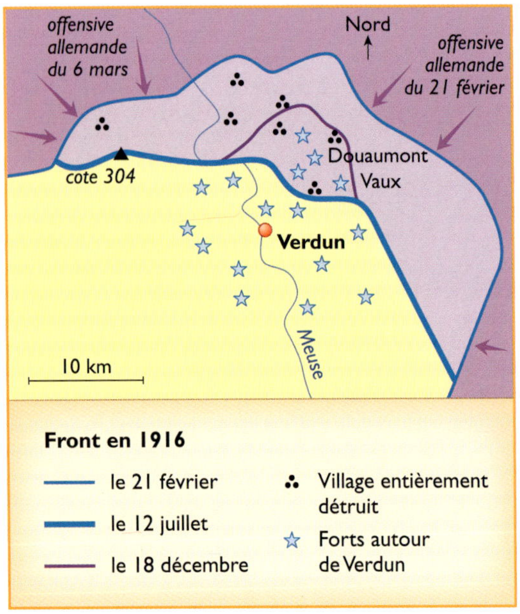

Doc. 3 La bataille de Verdun (février à décembre 1916). L'attaque allemande lancée sur Verdun en février 1916 a donné lieu à l'une des plus longues et meurtrières batailles de la guerre.

6. Situe Verdun sur le Doc. 1 page 6.

7. Les Allemands ont-ils finalement réussi à prendre Verdun ?

Doc. 4 Ouvrières françaises dans une usine de munitions (1914-1918).

8. Décris cette photographie.

9. Pourquoi dit-on que la guerre de 1914-1918 est une « guerre totale » qui a mobilisé toute la population ?

GEORGES CLEMENCEAU (1841-1929)

Georges Clemenceau visite les tranchées (Picardie, 1914-1918).

Médecin d'origine vendéenne, Georges Clemenceau était, avant 1914, le principal chef des radicaux[1]. Président du Conseil de 1906 à 1909, il fait régner l'ordre en France.
Au début de la Première Guerre mondiale, il dénonce les faiblesses du commandement. À l'automne 1917, son énergie et son patriotisme font de lui l'homme de la situation : il redevient président du Conseil et mène le pays à la victoire. Très populaire, surnommé « le Tigre », il échoue pourtant dans sa candidature à la présidence de la République en 1920.
Il se retire alors de la vie politique.

1. Parti politique de gauche, très hostile à l'Église.

Doc. 5

10. Qu'est-ce qui, dans la carrière de Georges Clemenceau, peut expliquer le surnom « le Tigre » ?

« JE FAIS LA GUERRE »

« Vous voulez la paix ? Moi aussi… Mais ce n'est pas en bêlant la paix qu'on fait taire le militarisme prussien[1]. Ma formule est la même partout. Politique intérieure ? Je fais la guerre. Politique étrangère ? Je fais la guerre. Je fais toujours la guerre […]. Je continue à faire la guerre et je continuerai jusqu'au dernier quart d'heure, car c'est nous qui aurons le dernier quart d'heure. »

Discours de Georges Clemenceau aux députés, mars 1918.

1. L'envie qu'a l'Allemagne de faire la guerre.

Doc. 6

11. Que veut dire Georges Clemenceau par l'expression « Je fais la guerre » ?

12. En quoi est-il un homme politique déterminé ?

Une saignée humaine

La Première Guerre mondiale fut très meurtrière.

	France	Allemagne
Population en 1914	40 000 000	60 000 000
Nombre de mobilisés	8 300 000	12 700 000
Morts entre 1914 et 1918 du fait des combats	1 380 000 (17 % des mobilisés)	2 030 000 (16 % des mobilisés)

Veuves et orphelins de guerre (Chambry, Seine-sur-Marne).

Le pacifisme et la dénonciation de la guerre

Adieu la vie, adieu l'amour,
Adieu toutes les femmes.
C'est bien fini, c'est pour toujours,
De cette guerre infâme.

C'est à Craonne, sur le plateau,
Qu'on doit laisser sa peau
Car nous sommes tous condamnés,
Nous sommes les sacrifiés.

Ceux qu'ont l' pognon, ceux-là reviendront
Car c'est pour eux qu'on crève.
Mais c'est fini car les trouffions
Vont tous se mettre en grève.

Ça s'ra vot' tour, messieurs les gros.
Montez sur le plateau.
Car si vous voulez faire la guerre,
Payez-la de votre peau.

« La Chanson de Craonne » (auteur anonyme, paroles recueillies par Paul Vaillant-Couturier).

Des mots nés dans les tranchées

- **le barda :** le sac à dos et son contenu.
- **un bobard :** une fausse nouvelle.
- **les ch'tis :** surnom affectueux donné aux gens du Nord – et aux soldats originaires du Nord de la France – qui prononcent parfois « che » au lieu de « ce » et « ti » et « mi » au lieu de « toi » et « moi ».
- **un embusqué (ou planqué) :** celui qui évite, par tous les moyens, de combattre au front.
- **les huiles :** les officiers supérieurs.
- **le pinard :** le vin.

Une paix fragile

À la signature du traité de Versailles le 28 juin 1919, Clemenceau représente la France, le président Wilson les États-Unis, Lloyd George le Royaume-Uni et Orlando l'Italie.

La signature du traité de Versailles (tableau de Willam Orpen, 1919).

GUERRE MONDIALE

De nouveaux États en Europe, après les traités de paix

Lexique

Alliés : France, Royaume-Uni, Serbie, Belgique, Portugal, Russie (jusqu'en 1917), Roumanie, Italie (à partir de 1915), États-Unis et Grèce (à partir de 1917).

Armistice : arrêt momentané des combats.

Empires centraux : l'Allemagne et ses alliés (Autriche-Hongrie en août 1914 puis Empire ottoman et Bulgarie).

Front : zone de combat entre deux armées.

Mutinerie : pour des militaires, refus d'obéir à un ordre.

Poilus : surnom affectueux donné aux soldats français de 1914-1918.

Union sacrée : rassemblement de toutes les forces d'un pays contre un ennemi commun.

CARNET DE ROUTE

1914 : la guerre de mouvement

En août 1914, l'assassinat de l'archiduc autrichien François-Ferdinand déclenche une guerre en Europe. Elle oppose les **Empires centraux** aux **Alliés**. Dans tous les pays, c'est **l'Union sacrée**.

Après une offensive d'abord victorieuse, la progression allemande en France est arrêtée **en septembre 1914 par la victoire de la Marne**, remportée par le général Joffre. Ni les Alliés ni les Empires centraux ne réussissent à vaincre. Les armées s'enterrent dans des tranchées, de chaque côté du **front**.

La guerre des tranchées

Dans les tranchées, les « **poilus** » connaissent des conditions de vie épouvantables. **Les offensives permettent parfois de gagner de minuscules portions de territoire**, mais au prix de dizaines de milliers de morts et de blessés. **Aucune tentative de percée ne réussit.** En 1916, les Allemands échouent à Verdun : les combats durent six mois et font des centaines de milliers de morts. D'autres offensives en France, sur le front russe, et en Orient échouent également.

La guerre impose **d'énormes sacrifices à la population civile**. En 1917, les Alliés traversent une crise : des **mutineries** éclatent dans l'armée française et la Russie, en pleine révolution, se retire du conflit. Mais cette crise est surmontée, et **en avril les États-Unis rejoignent les Alliés**.

1918 : la victoire de la France et de ses alliés

Sur le front Ouest, les dernières offensives allemandes du printemps 1918 sont des échecs. Grâce notamment aux renforts américains, les offensives alliées de l'été sont des succès. Les Empires centraux demandent des **armistices**. **Le 11 novembre 1918, l'armistice avec l'Allemagne met fin à la guerre**. Les traités de paix sont signés en 1919 et 1920. Ils rendent à la France l'Alsace et le nord de la Lorraine (la Moselle).

COMMENT LA SECONDE GUERRE

La Seconde Guerre mondiale éclate en septembre 1939. Elle oppose l'Allemagne, l'Italie et le Japon (l'Axe) à la France et au Royaume-Uni, rejoints en 1941 par l'URSS et les États-Unis (les Alliés).

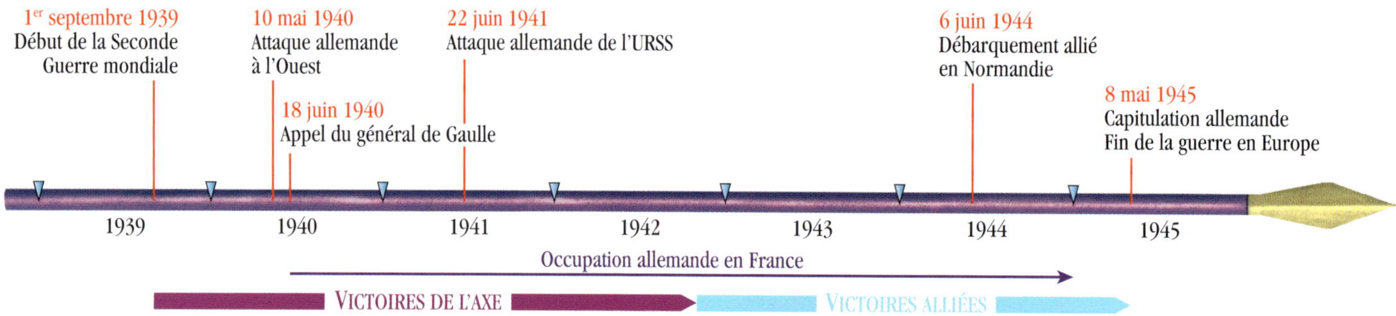

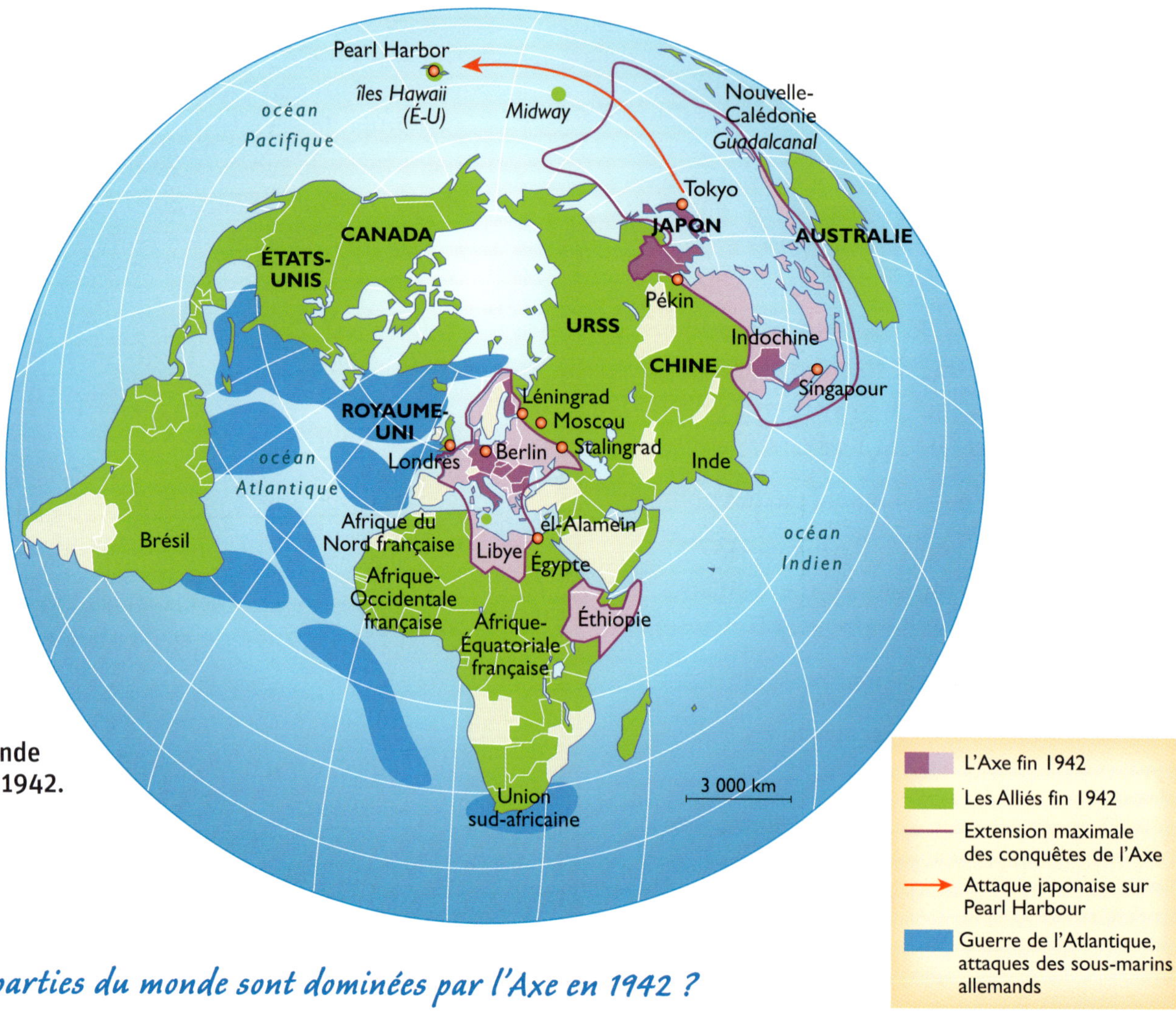

Doc. 1 Le monde en guerre en 1942.

1. Quelles parties du monde sont dominées par l'Axe en 1942 ?

2. Nomme les cinq continents. Lequel n'est pas touché par la guerre ?

MONDIALE A-T-ELLE COMMENCÉ ?

Doc. 2 Affiche de propagande française, 1939.
Les zones coloriées en rouge correspondent aux colonies de la France et du Royaume-Uni en 1939.

3. À quels pays renvoie le slogan « Nous vaincrons parce que nous sommes les plus forts » ?

Doc. 3 Blindés allemands à l'offensive (Sedan, mai 1940).
Les chars allemands sont plus modernes que les chars français. Ils sont rassemblés en énormes unités, appelées « divisions blindées » (« Panzerdivisionen »).

4. Décris cette photographie.

5. Qu'a-t-elle d'impressionnant ?

6. Qu'y a-t-il de nouveau dans cette manière de faire la guerre par rapport à 1914-1918 ?

Doc. 4 L'exode en France (civils qui fuient le Nord-Pas-de-Calais pour échapper à l'armée allemande, mai 1940).
En mai-juin 1940, l'armée allemande avance rapidement sur le territoire français. De nombreux civils fuient. L'armée française est vaincue en cinq semaines.

7. Rappelle ce qu'est un armistice.

8. Pourquoi cette guerre a-t-elle été surnommée « la guerre-éclair » ?

LE ROYAUME-UNI CONTINUE LA GUERRE

La France est vaincue en cinq semaines ; le Royaume-Uni se retrouve seul contre l'Axe.

« Même si nous sommes seuls, puisqu'une grande partie de l'Europe est tombée sous les coups de l'ordre nazi, nous irons jusqu'au bout. Nous nous battrons en France, nous nous battrons sur les mers et les océans, nous nous battrons dans les airs, nous défendrons notre île, quoi qu'il en coûte. Nous ne nous rendrons jamais. »

Discours de Winston Churchill (Premier ministre du Royaume-Uni) devant les députés britanniques, 4 juin 1940.

Doc. 5

9. Qui a prononcé ce discours ? Quelle fonction occupait-il ?

10. Quel est l'objectif de ce discours ?

Doc. 1 L'entrevue de Montoire, le 24 octobre 1940.
Cette rencontre entre le maréchal Pétain, chef de l'État français de juillet 1940 à l'été 1944, et Adolf Hitler, chef de l'État allemand de 1933 à 1945, marque le début de la collaboration du gouvernement français avec l'Allemagne nazie.

1. Décris la scène photographiée.

2. Quelle est la situation de la France à la date de cette entrevue ?

Doc. 2 Affiche de propagande de l'État français en 1940.
L'État français est un régime autoritaire. Il est aussi appelé « régime de Vichy », du nom de la capitale où étaient situés les organes de gouvernement entre 1940 et 1944.

3. Décris les personnages et les scènes représentés sur cette affiche (Doc. 2).

4. Par quoi la devise républicaine « Liberté, Égalité, Fraternité » est-elle ici remplacée ?

Doc. 3 La France en 1940-1942.
Après la défaite, la France est coupée en deux zones : la « zone occupée » par les Allemands au Nord, et la « zone libre », dirigée par le régime de Vichy, au Sud.

5. Dans quelles zones sont situées Paris et Vichy ?

6. Qui occupe la zone située au Nord ?

UN DES CHEFS DE LA RÉSISTANCE : JEAN MOULIN (1899-1943)

Jean Moulin en octobre 1939.

Préfet renvoyé par le régime de Vichy, Jean Moulin se rallie au général de Gaulle, chef de la Résistance française à Londres. Celui-ci le charge d'unifier la Résistance en France. Parachuté en France en 1942, Jean Moulin réussit sa mission en 1943.
Le 21 juin 1943, à la suite d'une trahison, il est arrêté par la police allemande, la Gestapo, près de Lyon. Torturé, il meurt le 8 juillet 1943, sans avoir parlé. Ses cendres reposent au Panthéon, à Paris, depuis 1964.

Doc. 4

7. Quelle mission Jean Moulin a-t-il remplie (Doc. 4) ? Pourquoi était-ce important ?

8. À quoi voit-on qu'il est une grande figure de la Résistance française ?

Doc. 5 Sabotage organisé par la Résistance intérieure française (destruction d'une voie ferrée par la Résistance au Villars, Saône-et-Loire, 4 mars 1944).

9. Pourquoi les résistants font-ils dérailler les trains ?

Doc. 6 La libération de Strasbourg (soldats de la 2e DB accueillis par les Strasbourgeois, novembre 1944).
Après les débarquements alliés en Normandie et en Provence en été 1944, les armées alliées, notamment américaine, britannique et française, libèrent le territoire national.
Les soldats français de la 2e DB (2e division blindée), commandés par le général Leclerc, libèrent Strasbourg en novembre 1944.

10. Où se situe Strasbourg ?

11. Pourquoi est-ce important qu'elle soit libérée ?

D'importants progrès techniques

La Seconde Guerre mondiale a connu des progrès techniques importants : radars, premiers avions à réaction, premières fusées...

Le premier avion à réaction a été construit en Allemagne en 1944. Il s'agit d'un chasseur bombardier, le Messerschmitt 262, nettement supérieur en vitesse et en armement à tous les autres avions, américains, anglais et russes, de la Seconde Guerre mondiale.

Le radar permet de détecter la présence d'avions dans le ciel, hors de portée de la vision humaine. Il est utilisé par les Anglais dès 1940, puis par les Allemands (radar allemand, Würzburg-Riese).

Le souvenir d'une immense joie à la Libération... mais aussi l'épuration

Françaises sympathisant avec des soldats français de la 2e DB lors de la libération de Paris, le 25 août 1944.

Un civil arrêté le 26 août 1944 à Paris pour avoir collaboré avec les Allemands.

La fusée V2, ancêtre direct de la fusée américaine *Saturne*

La fusée V2, abréviation d'un mot allemand signifiant « arme de représailles n° 2 », fut mise au point par des ingénieurs allemands sous la direction de Werner Von Braun. Ce dernier, passé aux États-Unis après la guerre, conçut la fusée *Saturne* utilisée par les Américains dans leur programme *Apollo*.

Missiles V2 sur leur rampe de lancement (site militaire de Peenemünde, Allemagne, 1942).

De nombreux films

La Seconde Guerre mondiale a inspiré de nombreux réalisateurs de films, notamment de comédies.

« Papy fait de la résistance » (film réalisé par Jean-Marie Poiré, 1983).

Lexique

Alliés : au début de la guerre, la France et le Royaume-Uni puis, de juin 1940 à juin 1941, le Royaume-Uni seul. Sont ensuite venus s'ajouter d'autres États, dont l'URSS, les États-Unis et la Chine.

Axe : l'Allemagne, l'Italie et le Japon.

Collaboration : pour la période 1940-1945, la coopération avec l'occupant allemand.

Nazi : abréviation de « national-socialiste », nom du parti sur lequel s'appuya Adolf Hitler pour prendre le pouvoir en Allemagne en 1933 et instaurer sa dictature.

Résistance : pour la période 1940-1945, le fait de combattre l'occupant allemand, italien ou japonais.

URSS : Union des Républiques socialistes soviétiques ; nom donné, de 1922 à 1991, au régime communiste en Russie.

CARNET DE ROUTE

Les débuts de la guerre

En septembre 1939, l'invasion de la Pologne par l'Allemagne **nazie** conduit la France et le Royaume-Uni à lui déclarer la guerre. **En mai 1940, les Allemands lancent une vaste offensive** en Belgique et en France. La défaite est totale ; les armées allemandes atteignent la Loire. Un armistice est signé le 22 juin 1940 et une partie de la France est alors occupée par les Allemands.

Le maréchal Pétain reçoit les pleins pouvoirs et supprime la IIIe République, qui laisse la place à l'État français, installé à Vichy. Il engage avec l'Allemagne nazie une politique de **collaboration**. Mais une partie des Français refuse la défaite. **Dès le 18 juin 1940, le général de Gaulle** appelle, depuis Londres, à poursuivre la lutte. Il dirige et organise la **Résistance**.

La guerre s'étend au reste du monde

Le Royaume-Uni reste seul en guerre contre l'Allemagne. Mais, en juin 1941, l'**URSS** est attaquée à son tour par l'Allemagne, tandis que le Japon attaque les États-Unis en décembre. **La guerre devient** alors, à nouveau, **mondiale**.

En 1941 et 1942, les forces de l'**Axe** remportent de nouvelles victoires en Russie, en Asie et dans le Pacifique. Mais, **à partir de fin 1942**, les **Alliés** réussissent à les stopper sur tous les fronts. Dans tous les pays, les civils sont mobilisés dans « l'effort de guerre ».

Les victoires alliées

À partir de 1943, les Soviétiques repoussent les Allemands. En France, **les débarquements des Alliés en juin** (Normandie) et **en août 1944** (Provence) permettent d'ouvrir de nouveaux fronts et de libérer la plus grande partie du territoire français : c'est **la « Libération »**.

Envahie par les Alliés à son tour en 1945, l'Allemagne capitule **le 8 mai 1945**. La guerre s'achève avec la capitulation du Japon **le 2 septembre 1945**.

QUEL EST LE BILAN DE LA

En 1945, le monde sort de six années de guerre : il découvre les camps d'extermination et les ravages de la bombe atomique. L'horreur de la guerre débouche néanmoins sur la joie de la Libération. Les dirigeants des États vainqueurs veulent construire un monde nouveau.

27 janvier 1945
Libération du camp d'Auschwitz

8 mai 1945
Capitulation allemande
Fin de la guerre en Europe

juin 1945
Création de l'ONU

2 septembre 1945
Capitulation japonaise
Fin de la guerre en Asie

1947
Début de la « guerre froide »

10 décembre 1948
Adoption de la *Déclaration universelle des droits de l'homme*

1945 — 1946 — 1947 — 1948

PROCÈS DE NUREMBERG

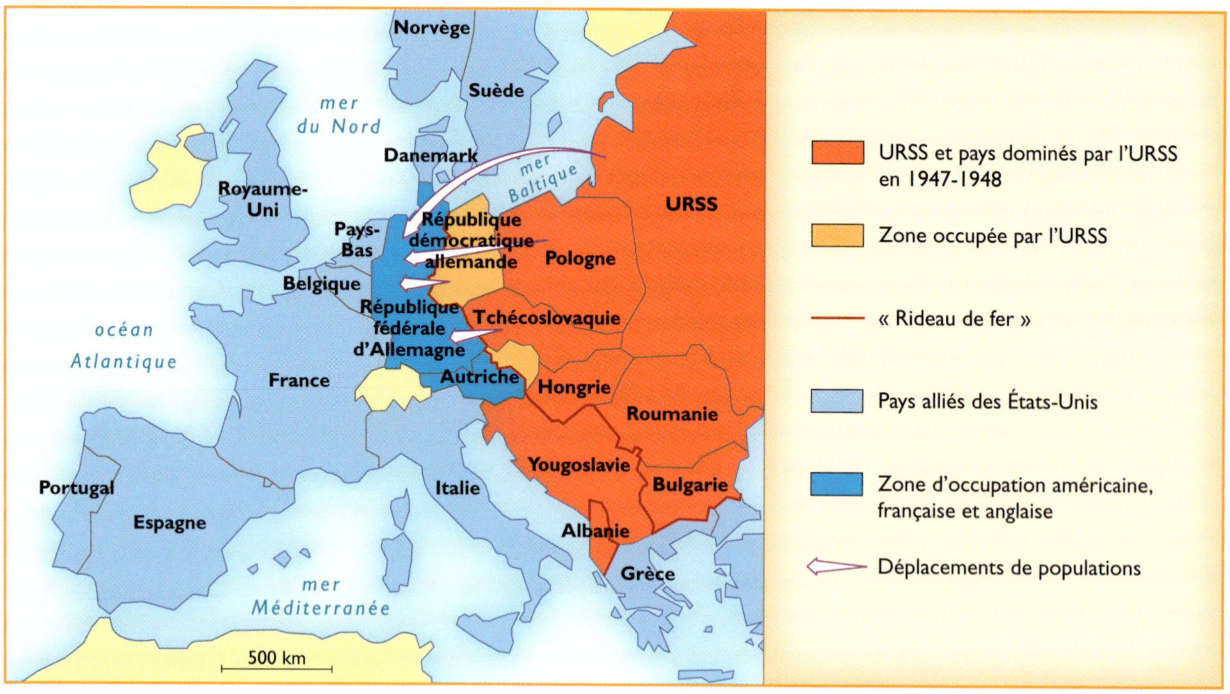

Doc. 1 L'Europe de 1945 à 1949.

1. Quels pays sont les alliés des États-Unis ?

2. Quels pays sont passés sous la domination de l'URSS ?

3. D'où viennent les populations qui arrivent en Allemagne après 1945 ?

Doc. 2 Des villes entièrement détruites (Dresde, ville allemande détruite par les bombardements aériens anglais et américains en février 1945).
Dans la plupart des pays, vainqueurs ou vaincus, de nombreuses villes ont subi d'importantes destructions en raison des bombardements. Les deux cas extrêmes sont les villes d'Hiroshima et Nagasaki (Japon), bombardées par les Américains avec la bombe atomique en août 1945.

4. Quels sont les effets des bombardements sur les populations civiles ?

	Population en 1939 (en millions)	Pertes militaires par pays	Pertes civiles par pays
Alliés			
France	41,6	250 000	360 000
Pologne	34,7	120 000	5,3 millions
Royaume-Uni	47,7	270 000	40 000
URSS	167,3	13,6 millions	7,7 millions
États-Unis	131	300 000	–
Axe			
Allemagne	67,8	3,2 millions	3,8 millions
Italie	43,8	330 000	90 000
Japon	72	1,7 million	360 000

Doc. 3 Pertes humaines dues à la guerre entre 1939 et 1945.

5. Compare les pertes militaires de la France et de l'URSS. Pourquoi y a-t-il une telle différence ?

6. Pourquoi n'y a-t-il eu aucune perte civile aux États-Unis ?

LES ENFANTS JUIFS DÉPORTÉS

Les 16 et 17 juillet 1942, le chef de la police de Vichy, René Bousquet (1909-1993), organise la déportation des juifs de la région parisienne. Il n'a jamais été condamné pour ces faits par la justice française.

Les autorités allemandes ont décidé de transférer dans les territoires de l'Est les Juifs résidant dans la région parisienne et appartenant aux catégories suivantes : […] Allemands, Autrichiens, Tchécoslovaques, Polonais, Russes. Je vous prie de bien vouloir prendre toutes dispositions utiles à cet effet.

Instructions de René Bousquet, Chef de la Police du régime de Vichy, 15 juillet 1942.

Consignes pour les équipes chargées des arrestations :
Tout Juif à arrêter doit être conduit au Vélodrome d'Hiver. Les enfants vivant avec les personnes arrêtées seront emmenés en même temps.

Le Directeur de la Police municipale de Paris, Émile Hennequin.

Doc. 4

7. Qui fait déporter les enfants juifs en 1942 ?

8. Dans quelle partie de l'Europe ont-ils été déportés ?

Doc. 1 La découverte de l'horreur des camps d'extermination (enfants prisonniers lors de la libération du camp d'Auschwitz). Au lendemain de la guerre, le monde découvre les nombreux camps de concentration et d'extermination mis en place par les nazis pour enfermer leurs opposants et exterminer systématiquement les populations juives et tziganes.

1. Cherche dans quels pays étaient situés les camps d'extermination des juifs et des Tziganes.

2. Pourquoi l'adoption de cette déclaration est-elle importante ?

3. Connais-tu des pays dans lesquels ces droits ne sont pas appliqués ? Si oui, lesquels ?

LES NATIONS UNIES ET LA *DÉCLARATION UNIVERSELLE DES DROITS DE L'HOMME*

Le traumatisme de la guerre pousse les Alliés à créer l'Organisation des nations unies (ONU) le 26 juin 1945. Elle adopte cette déclaration le 10 décembre 1948.

Drapeau de l'ONU.

L'Assemblée générale proclame la présente *Déclaration universelle des droits de l'homme* comme idéal commun à atteindre pour […] toutes les nations. […]

Article 1 – Tous les êtres humains naissent libres et égaux en dignité et en droits. […]

Article 4 – Nul ne sera tenu en esclavage ou en servitude ; l'esclavage et la traite des esclaves sont interdits. […]

Article 9 – Nul ne peut être arbitrairement arrêté, détenu ou exilé. […]

Article 16 – […] La famille est l'élément naturel et fondamental de la société et a droit à la protection de la société et de l'État.

Article 17 – […] Nul ne peut être arbitrairement privé de sa propriété.

Article 18 – Toute personne a droit à la liberté de pensée, de conscience et de religion. […]

Article 21 – […] La volonté du peuple doit s'exprimer par des élections honnêtes qui doivent avoir lieu périodiquement, au suffrage universel égal et au vote secret. […]

Article 26 – Toute personne a droit à l'éducation.

Extraits de la *Déclaration universelle des droits de l'homme*, 10 décembre 1948.

Doc. 2

Doc. 3 Le procès de Nuremberg
(banc des accusés du procès de Nuremberg, novembre 1945-octobre 1946).
Les principaux chefs nazis sont jugés à Nuremberg par un tribunal composé de juges américains, russes, anglais et français. Ils sont accusés de crimes de guerre et de crimes contre l'humanité. Onze des vingt-et-un accusés sont condamnés à mort.

4. Pourquoi ce tribunal comprend-il des juges américains, russes, anglais et français ?

5. Cherche ce que sont un crime de guerre et un crime contre l'humanité.

Doc. 4 La guerre civile en Grèce
(partisans communistes grecs au combat, 9 avril 1947).
De 1945 à 1949, la Grèce connaît une guerre civile. Elle oppose les partisans d'un régime communiste (soutenus par l'URSS) aux opposants au communisme (soutenus par le Royaume-Uni).

6. De qui le Royaume-Uni est-il l'allié en 1945 ? Aide-toi du Doc. 1 page 18 pour répondre.

LE « RIDEAU DE FER »

Peu de temps après la fin de la guerre, l'Europe est à nouveau divisée entre les pays de l'Ouest, bénéficiant de l'aide et de la protection des États-Unis, et les pays de l'Est, sous domination communiste et liés à l'URSS.

« De Stettin sur la mer Baltique à Trieste sur la mer Adriatique, un rideau de fer est descendu à travers le continent. Derrière cette ligne, se trouvent les capitales de tous les pays de l'Europe orientale : Varsovie, Prague, Berlin, Vienne, Budapest, Belgrade, Bucarest et Sofia. Toutes ces villes célèbres, toutes ces nations sont soumises au contrôle constamment croissant de Moscou. »

Discours de Winston Churchill, 5 mars 1946.

Doc. 5

7. Cherche où se trouvent la mer Baltique et la mer Adriatique.

8. Que signifie l'expression « Europe orientale » ?

Le journal d'Anne Frank : un témoignage précieux

Anne Frank est une adolescente d'origine juive, qui vécut cachée avec sa famille à Amsterdam entre 1942 et son arrestation par les nazis le 4 août 1944. Déportée à Bergen-Belsen, elle y meurt en mars 1945, à l'âge de 15 ans. Son journal, écrit entre 1942 et 1944, est publié en 1947. Il a, depuis, été traduit dans 67 langues. Son histoire reste un symbole de la mémoire des enfants juifs déportés.

À partir de mai 1940, c'en était fini du bon temps, […] et nos misères, à nous les juifs, ont commencé. Les lois antijuives se sont succédé sans interruption. […] Les juifs doivent porter l'étoile jaune ; […] les juifs n'ont pas le droit de prendre le tram ; les juifs n'ont pas le droit de circuler en autobus, ni même dans une voiture particulière ; les juifs ne peuvent faire leurs courses que de trois heures à cinq heures ; […] les juifs n'ont pas le droit de sortir dans la rue de huit heures du soir à six heures du matin ; les juifs n'ont pas le droit de fréquenter les théâtres et les cinémas […], et ainsi de suite, voilà comment nous vivotons. »

Couvertures de quelques-unes des éditions du *Journal d'Anne Frank.*

Journal d'Anne Frank, © 1922, 2001, Calmann-Lévy, pour la traduction française par Philippe Noble et Isabelle Rosselin-Bobulesco.

Le génocide des juifs et des Tziganes en Europe

250 000 à 500 000 Tziganes et cinq à six millions de juifs sont envoyés à la mort en Europe entre 1941 et 1945. Sur 240 000 Allemands d'origine juive vivant dans le pays en 1933, 200 000 ont été exterminés. En France, sur 270 000 Français d'origine juive en 1939, 75 000 ont été exterminés. La quasi-totalité des Juifs vivant en Pologne, en Lituanie et en Yougoslavie ont disparu, ainsi que plus de 3 millions de juifs vivant en URSS avant 1941.

L'entrée du camp d'extermination d'Auschwitz (Pologne).

La « rafle du Vel' d'Hiv' »

Les 16 et 17 juillet 1942, plus de 10 000 juifs de la région parisienne (dont 4 000 enfants) ont été arrêtés par la police française et rassemblés au Vélodrome d'Hiver (le Vel' d'Hiv'), avant d'être déportés.

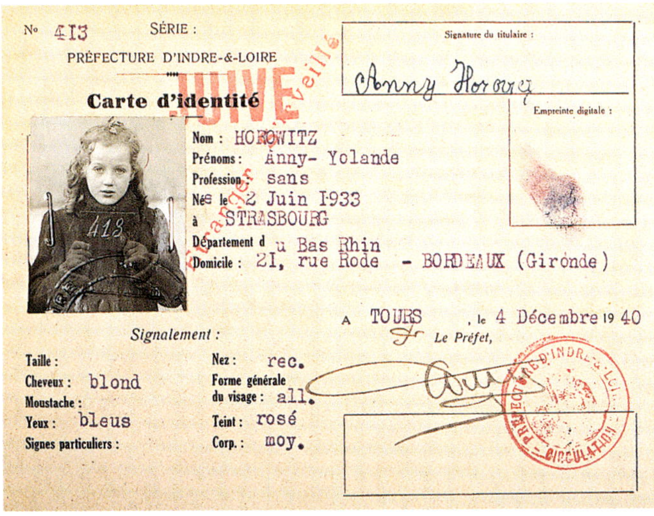
N° 413 SÉRIE :
PRÉFECTURE D'INDRE-&-LOIRE
JUIVE
Étranger surveillé
Carte d'identité
Signature du titulaire : Anny Horowitz
Empreinte digitale :
Nom : HOROWITZ
Prénoms : Anny- Yolande
Profession : sans
Née le 2 Juin 1933
à STRASBOURG
Département du Bas Rhin
Domicile : 21, rue Rode - BORDEAUX (Gironde)
A TOURS, le 4 Décembre 1940
Le Préfet,
Signalement :
Taille :
Cheveux : blond
Moustache :
Yeux : bleus
Signes particuliers :
Nez : rec.
Forme générale du visage : all.
Teint : rosé
Corp. : moy.
PRÉFECTURE D'INDRE-&-LOIRE - CIRCULATION

Carte d'identité d'une petite fille juive.

Lexique

Camps de concentration : camps destinés à emprisonner des opposants politiques ou des individus jugés nuisibles. Il y eut des camps de concentration dans l'Allemagne nazie (de 1933 à 1945) et en URSS (de 1917 aux années 1960).

Camps d'extermination : six camps créés par les nazis en Pologne occupée pour exterminer les juifs et les Tziganes.

Crime contre l'humanité : l'assassinat, l'extermination, la déportation ou tout acte inhumain commis pour des motifs politiques, raciaux ou religieux à l'encontre de toute une population.

Génocide : tout acte commis avec l'intention de détruire totalement ou en partie un groupe national, ethnique, racial ou religieux.

CARNET DE ROUTE

Des pays dévastés

La Seconde Guerre mondiale a fait **60 millions de morts**. Ce fut une guerre totale, qui toucha largement les civils : maladies dues aux restrictions alimentaires, bombardements, arrestations et déportations, **génocide** des juifs et des Tziganes.

Les destructions sont immenses, surtout en Allemagne, dans l'Est de l'Europe et en URSS. Les pays vaincus subissent d'importantes pénuries, mais de nombreux pays vainqueurs sont également touchés. C'est le cas de la France où se sont déroulés les combats en 1940 et 1944.

Un monde à reconstruire

Le monde est bouleversé par **la découverte des camps de concentration et des camps d'extermination**, où les nazis ont exterminé 5 à 6 millions de juifs. Ces « **crimes contre l'humanité** » sont condamnés en 1945. Les principaux chefs nazis sont jugés lors du procès de Nuremberg en 1945-1946.

Le monde est également traumatisé par **l'emploi de la bombe atomique**, qui a détruit les villes d'Hiroshima et de Nagasaki au Japon (août 1945). La fin de la guerre voit cependant apparaître les bases d'un monde nouveau que l'on espère meilleur : l'Organisation des nations unies (ONU), fondée en 1945 et la *Déclaration universelle des droits de l'homme*, adoptée en 1948. Elle est rédigée à partir de la *Déclaration française des droits de l'homme et du citoyen* de 1789.

L'opposition de deux blocs

Malgré la création de l'ONU, **les vainqueurs de 1945 se divisent assez vite**. Une guerre civile déchire la Grèce : l'un des camps en présence est soutenu par l'URSS, l'autre par l'Angleterre. Dès 1947, l'Europe est divisée en deux camps, des deux côtés du « Rideau de fer » : les pays soutenus par les États-Unis à l'Ouest et les pays rassemblés autour de l'URSS à l'Est.

Décrire la vie d'un enfant déporté

Je découvre l'histoire de Thomas, un enfant déporté

Thomas Geve est né en 1930 à Berlin, en Allemagne. Il est juif. En 1943, il est déporté à Auschwitz-Birkenau, puis, en janvier 1945, à Buchenwald. Le 11 avril 1945, les Américains libèrent le camp. Thomas, encore très faible, reste à l'infirmerie pour y être soigné. Pendant sa convalescence, il témoigne et raconte ce qu'il a vécu et enduré. Pour lui, le témoignage passe par le dessin : à l'aide de cinq crayons de couleur, il réalise en un mois 79 dessins, très détaillés sur la vie des déportés à Auschwitz.

1. Le passage des prisonniers à la désinfection.

À l'arrivée dans le camp, après avoir été « triés » par les gardes, les prisonniers sont dépouillés de leur humanité.
Ils sont rasés, désinfectés, lavés. Ils reçoivent un uniforme, un numéro, sont tatoués puis enregistrés.

La journée de travail commence vers cinq heures du matin. Elle se termine vers sept heures. Certains hommes sont si fatigués que, dès sept heures et demie, ils dorment.

2. La journée de travail.

3. La faim.

La faim est présente en permanence.
Pour les prisonniers, trouver de la nourriture en plus est une obsession. Ils récupèrent tout : des épluchures, des légumes pourris, du pain moisi.

4. Le four crématoire, la maladie, le chevalet et le bunker.

Voici ce que redoutaient le plus les prisonniers dans les camps : le four crématoire, la maladie, le chevalet, et le bunker.

JE DÉCRIS LA VIE DANS LES CAMPS

Utilise ce témoignage ainsi que tes recherches sur Internet et dans les livres pour écrire un texte qui racontera le quotidien des prisonniers d'Auschwitz-Birkenau.

1. Dans la première partie de ton texte, utilise les dessins pour parler de la vie quotidienne dans les camps :
- Observe la transformation de l'homme qu'on suit de pièce en pièce dans le dessin n° 1 : il rentre avec des habits colorés et ressort en gris. Qu'est-ce que cela peut signifier ?
- Décris bien la journée de travail à l'aide des pendules du dessin n° 2.
- Explique comment la faim tenaillait les prisonniers, ce dont témoigne le mot « Hunger » (« faim » en allemand) sur le dessin n° 3.
- Fais des recherches pour donner la définition des fours crématoires, des chambres à gaz, et expliquer pourquoi la maladie est si redoutée par les déportés (dessin n° 4).

2. Dans une seconde partie, explique comment le camp a été libéré et ce que les Américains y ont trouvé.

QUI ÉTAIT LE

Général en 1940, Charles de Gaulle refuse la défaite de la France. Il appelle à poursuivre la lutte contre l'occupant allemand et prend la tête de la Résistance. Après la guerre, il quitte le pouvoir en 1946 et ne revient qu'en 1958, pour créer la Ve République.

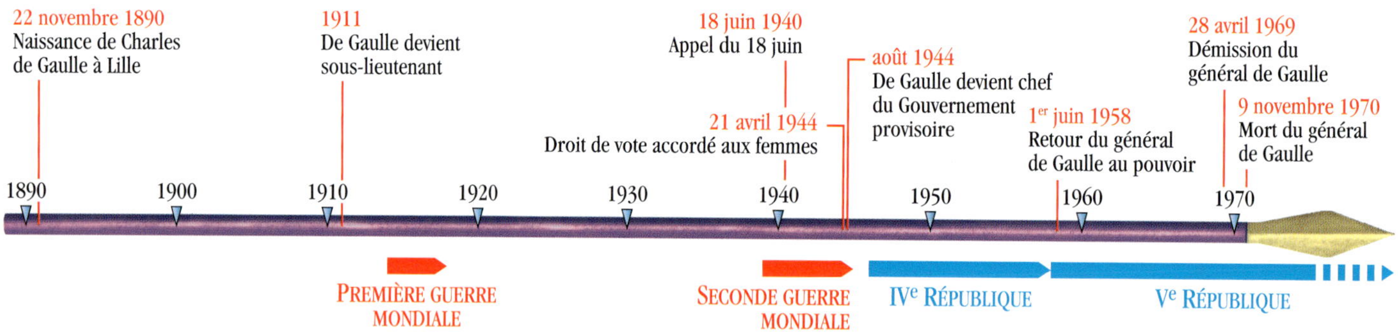

L'APPEL DU 18 JUIN 1940 À LA RADIO DE LONDRES, LA BBC

Nous avons été submergés par la force mécanique, terrestre et aérienne de l'ennemi. Infiniment plus que leur nombre, ce sont les chars, les avions, la tactique des Allemands qui nous font reculer […]. Mais le dernier mot est-il dit ? L'espérance doit-elle disparaître ? La défaite est-elle définitive ? Non ! […] Les mêmes moyens qui nous ont vaincus peuvent faire venir un jour la victoire. Car la France n'est pas seule ! Elle a un vaste empire derrière elle ! Elle peut faire bloc avec l'Empire britannique qui tient la mer et continue la lutte. Elle peut, comme l'Angleterre, utiliser […] l'immense industrie des États-Unis. […]
Moi, général de Gaulle, actuellement à Londres, j'invite les officiers et soldats français qui se trouvent en territoire britannique ou qui viendraient à s'y trouver […] à se mettre en rapport avec moi. […] La flamme de la résistance française ne doit pas s'éteindre et ne s'éteindra pas.
Demain, comme aujourd'hui, je parlerai à la radio de Londres.

Le général de Gaulle au micro de la BBC.

Extrait de l'*Appel du 18 juin 1940*.

Doc. 1

1. Quelle est la situation de la France à la date de ce texte ?

2 Quelles sont les causes de la défaite selon le général de Gaulle ?

3. Pourquoi le général de Gaulle espère-t-il la victoire ?

GÉNÉRAL DE GAULLE ?

Doc. 2 De Gaulle et la libération de Paris (foule sur les Champs-Élysées, 26 août 1944).
Le 25 août 1944, jour de la libération de Paris par les forces françaises de la 2e DB, par les Américains et par la Résistance intérieure, le général de Gaulle prononce l'un de ses plus beaux discours : « Paris ! Paris outragé ! Paris brisé ! Paris martyrisé, mais Paris libéré, libéré par lui-même, libéré par son peuple avec le concours des armées de la France, [...] de la France qui se bat, de la seule France, de la vraie France, de la France éternelle. »

4. Décris la scène.

5. Peut-on vraiment dire que seuls les Français ont libéré Paris ?

Doc. 3 De Gaulle accorde le droit de vote aux femmes (le premier vote des femmes, 21 octobre 1945).
Le droit de vote est accordé aux femmes le 21 avril 1944. Elles votent pour la première fois le 21 octobre 1945, à l'occasion d'un référendum et des élections législatives.

6. Cherche ce qu'est un référendum.

7. Qui élit-on lors des élections législatives ?

Doc. 4 De Gaulle, fondateur de la Ve République en 1958 (portrait officiel du général de Gaulle, président de la République).

En janvier 1946, de Gaulle démissionne. Très opposé à la IVe République, régime qu'il juge trop faible, il en critique le fonctionnement jusqu'à sa chute en 1958. Le 1er juin 1958, il devient chef du gouvernement. Il crée la Ve République dont il devient le premier président en décembre 1958.

8. Décris cette photographie.

Doc. 1 « **Vers l'armée de métier** » **(couverture de l'édition de 1944).**
Dans cet ouvrage écrit en 1934, de Gaulle propose la création de brigades de blindés. Mais il ne convainc pas les généraux français. Cette idée sera en revanche appliquée en Allemagne et permettra aux blindés allemands de vaincre l'armée française.

DE GAULLE REVIENT AU POUVOIR EN 1958

À partir de 1954, en Algérie, territoire français, une insurrection éclate. L'armée française combat cette insurrection : c'est la guerre d'Algérie (1954-1962). En 1958, à la suite de manifestations à Alger, le désordre s'installe à Paris et de Gaulle est appelé à former un nouveau gouvernement.

La dégradation de l'État qui va se précipitant. L'unité française menacée. L'Algérie plongée dans la tempête des épreuves. […] L'armée longuement éprouvée […]. Notre position internationale battue en brèche. Telle est la situation du pays […]. La France se trouve menacée de dislocation et, peut-être, de guerre civile. Le gouvernement vous demandera les pleins pouvoirs, afin d'être en mesure d'agir dans les conditions d'efficacité, de rapidité, de responsabilité que les circonstances exigent.

Discours du général de Gaulle à l'Assemblée nationale, 1er juin 1958.

Doc. 2

2. Selon de Gaulle, quelle est la situation de la France en 1958 ?

3. Que demande-t-il aux députés de l'Assemblée nationale ?

1. Au XXe siècle, quand l'armée française a-t-elle été vaincue par l'armée allemande (Doc. 1) ? Pourquoi ?

Doc. 3 De Gaulle à Alger le 4 juin 1958.
Dès sa nomination à la tête du gouvernement, le général de Gaulle se rend en Algérie. En 1962, après des négociations avec le Front de libération nationale (FLN) qui dirige la rébellion, l'Algérie devient indépendante.

4. Qu'est l'Algérie pour la France à cette époque ?

5. Pourquoi de Gaulle se rend-il en Algérie ? Aide-toi du Doc. 2 pour répondre.

GÉNÉRAL DE GAULLE

Doc. 4 Bain de foule pour le général de Gaulle, président de la République (voyage officiel en Bretagne, 1964).

6. Explique l'expression « bain de foule ».

7. Quel risque de Gaulle prend-il ici ?

Doc. 5 Une politique étrangère active (**de Gaulle prononce le « discours de Phnom Penh », 1er septembre 1966**).

Le général de Gaulle effectue de nombreux voyages à l'étranger. Il a la volonté de restaurer le rang de la France dans le monde. Ses voyages sont l'occasion de prononcer de grands discours de politique étrangère.

8. Cherche dans quel pays se trouve Phnom Penh.

Doc. 6 La contestation du pouvoir gaulliste (**affiche réalisée par les étudiants aux Beaux-Arts de Paris, mai 1968**).

En mai 1968, ont lieu des manifestations d'étudiants suivies par d'immenses grèves, les plus importantes que la France ait jamais connues. Un an plus tard, en avril 1969, le général de Gaulle démissionne.

9. Décris cette affiche de mai 1968.

10. Que veut montrer son auteur ?

L'utilisation de « la petite lucarne »

De Gaulle est le premier homme politique à utiliser la télévision comme moyen de communiquer avec les Français.

De Gaulle à la télévision, 20 avril 1963.

Les bons mots du général de Gaulle

- **Sur ses successeurs :** « Ce qui arrivera quand de Gaulle aura disparu […], ce n'est pas le vide politique, c'est plutôt le trop-plein » (conférence de presse du 25 septembre 1965).
- **Sur l'Europe :**
  – « Il ne peut y avoir d'autre Europe que celle des États » (conférence de presse du 15 mai 1962).
  – « Bien sûr on peut sauter sur sa chaise comme un cabri en disant « l'Europe, l'Europe, l'Europe ! » mais cela n'aboutira à rien » (discours du 15 décembre 1965).
- **Sur la France :** « Toute ma vie je me suis fait une certaine idée de la France » (*Mémoires de guerre*, tome I : *L'appel*).

Le général de Gaulle utilise les conférences de presse pour définir les grandes lignes de sa politique (conférence de presse, 28 octobre 1966).

Le souvenir d'un grand homme

Dès 1947, de Gaulle crée un mouvement politique nommé le Rassemblement pour la France (RPF). Ce mouvement change ensuite plusieurs fois de nom, mais fait toujours référence au gaullisme.

Le mémorial du général de Gaulle à Colombey-les-Deux-Églises (Haute-Marne), 1972.

La pratique du référendum

Par les référendums (1958, 1961, deux fois en 1962 et 1969), de Gaulle souhaite renforcer le lien qui l'attache au peuple français, sans les intermédiaires que sont les députés ou les sénateurs.

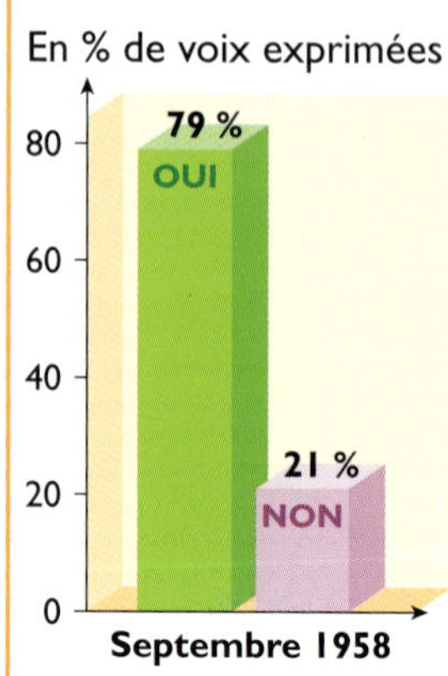

Résultats du référendum sur la Constitution de la Ve République.

De Gaulle en mai 1968

Les grèves et manifestations de mai 1968 sont une épreuve importante pour le général de Gaulle.

Le général de Gaulle à son retour d'un voyage en Roumanie, 18 mai 1968.

lexique

Décolonisation : processus qui mène à l'indépendance d'une colonie.

IVe République : république fondée en octobre 1946. Affaiblie par les guerres coloniales (Indochine et Algérie) et par de fortes oppositions à l'intérieur du pays, elle disparaît fin mai 1958.

Référendum : vote au cours duquel les électeurs répondent par oui ou par non à une question qui leur est posée.

Suffrage universel : droit de vote pour tous les citoyens majeurs (de 1848 à 1944, le droit de vote est uniquement masculin).

CARNET DE ROUTE

L'homme du 18 juin

Né à Lille en 1890, Charles de Gaulle fait carrière dans l'armée en tant qu'officier et participe à la Première Guerre mondiale. Dans les années 1920-1930, il défend **des idées nouvelles** sur l'utilisation des divisions blindées dans la guerre.

Nommé général en 1940, il est appelé au gouvernement le 6 juin 1940. Mais il refuse la défaite et l'armistice. Le 18 juin, depuis Londres, il lance son appel à poursuivre le combat. Il unifie ensuite les réseaux de résistants et devient **le chef de la France libre**.

Chef du Gouvernement provisoire en 1944, il réorganise la France et accorde le droit de vote aux femmes. Mais il est en désaccord avec la plupart des partis politiques et **démissionne en 1946**. Ses conceptions politiques (un pouvoir exécutif fort) n'étant pas appliquées sous la **IVe République**, il se retire de la vie politique : c'est pour lui la « traversée du désert ».

Le père fondateur de la Ve République

En 1958, la IVe République est affaiblie, notamment en raison des guerres de **décolonisation**. De Gaulle revient alors au pouvoir. Il **fonde la Ve République**, met fin à la guerre d'Algérie en 1962 et fait adopter la règle de l'élection du président au **suffrage universel**. À chaque fois, ses décisions sont majoritairement approuvées par **référendum**.

Président de la République de 1958 à 1969, **il mène une politique étrangère ambitieuse**, reposant sur le rang de la France dans le monde. Cependant, en 1965, il ne parvient pas à se faire réélire au premier tour. Il est ensuite affaibli par les manifestations de mai 1968.

Malgré les succès économiques et l'amélioration du niveau de vie, il ne retrouve pas la confiance des Français. Après l'échec d'un référendum le 27 avril 1969, il démissionne. Il meurt le 9 novembre 1970.

QUELS SONT LES DÉBUTS

La Ve République naît en 1958 alors que la France est plongée dans la guerre d'Algérie. Le général de Gaulle, qui a fait rédiger une nouvelle Constitution, en est le fondateur. Le régime, qui renforce le pouvoir exécutif, est fragile à ses débuts mais se consolide à partir de 1962.

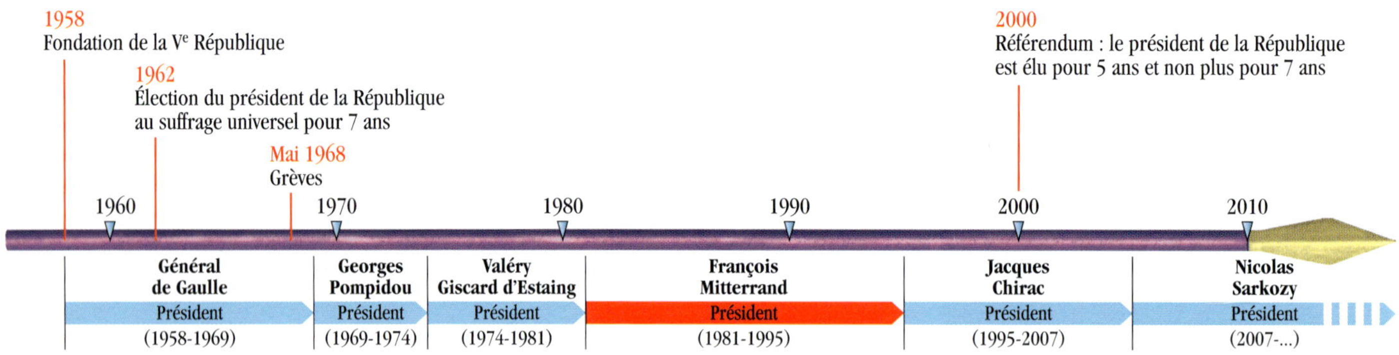

LE PROJET DE CONSTITUTION

Nul ne peut refaire la France sans les Français et la République crie à tous les Français ce que leur disait autrefois la voix assourdie de la République exilée : « Je veux redevenir la France. » Parmi vous, nombreux sont encore ceux qui entendaient, nuit après nuit[1] : « Ici Londres. Les Français parlent aux Français. Vous allez entendre le général de Gaulle. »

Discours d'André Malraux le 4 septembre 1958, avant le discours du général de Gaulle.

1. Entre 1940 et 1944.

Le général de Gaulle présente le projet de Constitution à Paris, le 4 septembre 1958.

Doc. 1

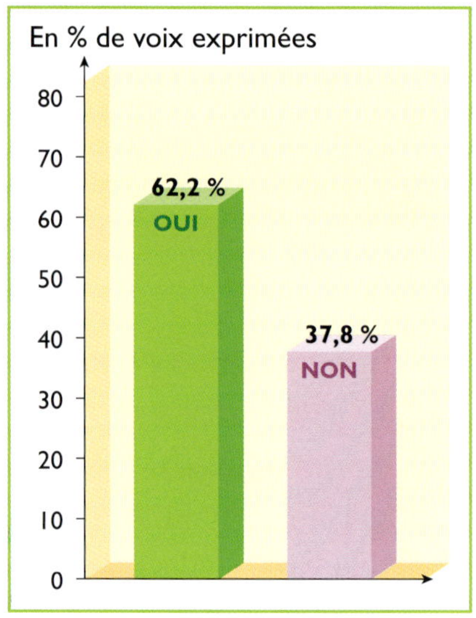

Doc. 2 **Référendum sur l'élection du président de la République au suffrage universel** (28 octobre 1962).

1. Cherche qui est André Malraux.

2. À quelle période renvoie l'expression « Ici Londres » ?

3. Quel est le résultat de ce référendum ?

4. Quelle en est la conséquence ?

Doc. 3 Affiche pour l'élection présidentielle de 1965.
Cette élection est la première élection d'un président de la République au suffrage universel depuis celle de Louis-Napoléon Bonaparte en 1848. Charles de Gaulle est élu, au deuxième tour, avec plus de 55 % des voix.

5. Décris cette affiche (Doc. 3). Qui est représenté par la petite fille ?

UN OPPOSANT À DE GAULLE : « J'APPELLE LE RÉGIME GAULLISTE DICTATURE »

François Mitterrand a commencé sa carrière politique en 1945. Onze fois ministre sous la IVe République, il s'oppose constamment à de Gaulle dans les années 1960. Il lui reproche en particulier d'avoir réduit le pouvoir de l'Assemblée nationale.

Qu'est-ce que la Ve République sinon la possession du pouvoir par un seul homme ? […] Et qui est-il, lui, de Gaulle ? *Duce*[1], *fürher*[2], *caudillo*[3]? […] J'appelle le régime gaulliste dictature parce que, tout compte fait, c'est à cela qu'il ressemble le plus, parce que c'est vers un renforcement continu du pouvoir personnel qu'inéluctablement il tend.

François Mitterrand, *Le Coup d'État permanent*, © éd. Julliard, 1984.

1. « Chef » en italien, titre donné à Benito Mussolini, dictateur qui a dominé l'Italie de 1924 à 1943.
2. « Guide » en allemand, titre donné à Adolf Hitler, dictateur qui a dominé l'Allemagne de 1933 à 1945.
3. « Chef de guerre » en espagnol, titre donné à Francisco Franco, dictateur qui a dominé l'Espagne de 1939 à 1975.

Doc. 4

6. Quel reproche l'auteur fait-il au régime mis en place par le général de Gaulle (Doc. 4) ?

Doc. 5 Le pouvoir législatif sous la Ve République (vue de l'intérieur de l'Assemblée nationale, Paris, mai 2008).
Si le pouvoir exécutif appartient au président de la République, le pouvoir législatif (pouvoir de proposer, discuter et voter les lois) appartient au Parlement, constitué de l'Assemblée nationale et du Sénat. Les députés qui siègent à l'Assemblée nationale sont élus pour cinq ans au suffrage universel direct. Les sénateurs sont, quant à eux, élus pour neuf ans au suffrage universel indirect.

7. Qu'est-ce que le pouvoir législatif ?

8. Cherche combien il y a de députés et de sénateurs.

LA CONSTITUTION
DE LA Ve RÉPUBLIQUE EN 1962

Article 6 – Le président de la République est élu pour sept ans au suffrage universel direct. […]
Article 8 – Le président de la République nomme le Premier ministre ; sur proposition du Premier ministre, il nomme les autres membres du gouvernement. […]
Article 89 – La proposition de révision de la Constitution doit être votée par les deux Assemblées en termes identiques. […]
La forme républicaine du gouvernement ne peut faire l'objet d'aucune révision.

Extraits de la Constitution de la Ve République.

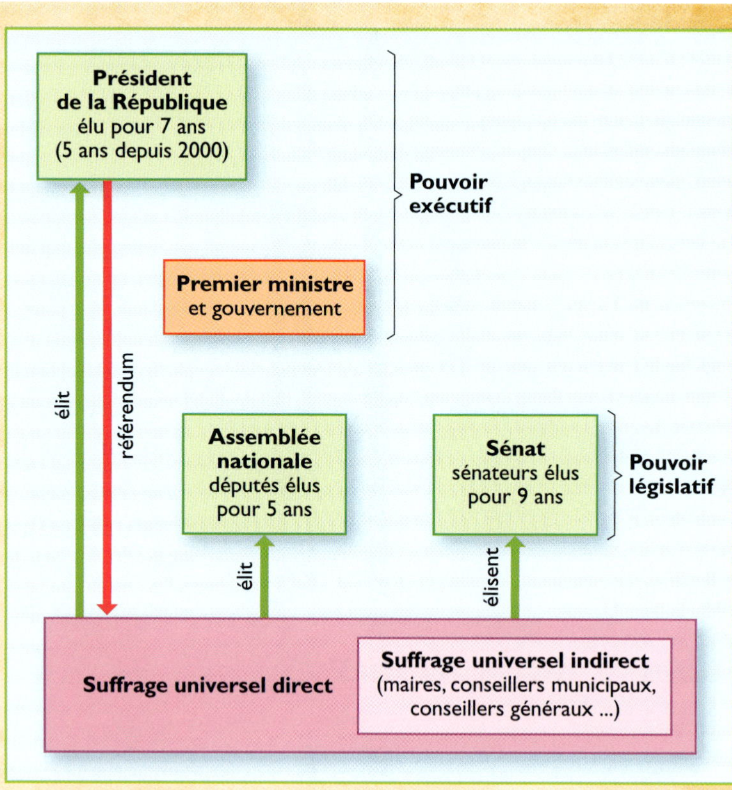

Doc. 1 Les institutions de la Ve République.

1. Qui détient le pouvoir exécutif ?

2. Qui détient le pouvoir législatif ?

Doc 2. **Le nouveau franc**
(affiche du ministère des Finances pour le nouveau franc, 1960).
Durant toute la IVe République, la monnaie française (le franc) n'a cessé de perdre de la valeur. En 1960, de Gaulle stabilise la monnaie et crée le nouveau franc.

3. Quelle est la valeur d'un nouveau franc en anciens francs en 1960 ?

4. Cherche quand le franc a été créé.

5. Quand a-t-il disparu ?

Doc 3. François Mitterrand dans les rues de Paris (21 mai 1981).
L'élection de François Mitterrand comme président de la République est un tournant de la Vᵉ République : c'est le premier président appartenant à un parti de gauche.

6. Quand François Mitterrand a-t-il été élu président de la République ?

7. Cherche à quel parti il appartenait.

Doc 4. Le droit de vote à 18 ans (jeunes s'inscrivant sur les listes électorales, 1974).
En 1974, l'âge de la majorité, et donc l'âge à partir duquel les citoyens peuvent voter, passe de 21 à 18 ans.

8. Cherche qui était président de la République lorsque cette décision fut prise.

Doc 5. Manifestation de lycéens et d'étudiants contre le projet de réforme de l'enseignement supérieur du gouvernement socialiste de Lionel Jospin (Bordeaux, 13 octobre 1998).

9. Décris cette photographie.

10. Contre quoi ces lycéens manifestent-ils ?

Après de Gaulle, des présidents de la République aux styles différents

Georges Pompidou (président de 1969 à 1974) en campagne à Orvilliers dans les années 1960.

Valéry Giscard d'Estaing (président de 1974 à 1981) reçoit le roi d'Espagne, Juan Carlos (palais de l'Élysée, 1976).

François Mitterrand (président de 1981 à 1995) en conférence de presse durant la campagne présidentielle en 1974.

Jacques Chirac (président de 1995 à 2007), président gaulliste, qui dut cohabiter cinq ans avec un Premier ministre (Lionel Jospin) et un gouvernement socialistes de 1997 à 2002.

Nicolas Sarkozy (président depuis 2007), remontant les Champs-Élysées le 16 mai 2007.

Le rôle croissant de la caricature : dans la presse écrite…

Mitterrand vu par le caricaturiste Faizant lors d'une révision de la Constitution (*Le Figaro*, novembre 1991).

… et à la télévision

Les marionnettes du président Jacques Chirac et du présentateur de télévision Patrick Poivre d'Arvor dans l'émission « Les Guignols de l'info » sur Canal +.

Lexique

Alternance : dans la vie politique française, remplacement, après une victoire électorale, d'un pouvoir de droite par un pouvoir de gauche (ou inversement).

Cohabitation : situation politique dans laquelle un président de gauche doit nommer un gouvernement de droite parce que la droite a gagné les élections législatives (ou inversement).

Constitution : lois qui précisent le fonctionnement des institutions et du pouvoir politique d'un pays.

Nationalisation : appropriation par l'État d'entreprises, de banques… qui appartenaient auparavant à des personnes privées.

CARNET DE ROUTE

Les débuts de la Ve République

En décembre 1958, le général de Gaulle devient le premier président de la Ve République.
Une nouvelle **Constitution**, qui renforce les pouvoirs du président de la République, est adoptée.
Elle est révisée en 1962 : suite à un référendum, **le président de la République sera désormais élu au suffrage universel direct**. La plupart des partis politiques sont hostiles à cette révision mais le peuple l'approuve massivement par référendum.
Sous la présidence du général de Gaulle (1958-1969), la France se modernise. Mais son pouvoir est ébranlé par les manifestations et les grèves de mai 1968.

Les successeurs de De Gaulle

Deux présidents de droite succèdent au général de Gaulle : Georges Pompidou (1969-1974) et Valéry Giscard d'Estaing (1974-1981), qui réalise des réformes (majorité à 18 ans, loi sur l'interruption volontaire de grossesse). Mais la France subit une crise économique à partir de 1973. En 1981, Giscard d'Estaing est battu par le candidat **de gauche** : François Mitterrand. C'est le temps de l'**alternance**. Mitterrand lance lui aussi des réformes, comme les **nationalisations**.

Les difficultés économiques font que, à chaque élection, **de 1981 à 2002, les Français votent contre le pouvoir en place** (le gouvernement). Des périodes de **cohabitation** paralysent le gouvernement du pays, sous les présidences de François Mitterrand (1981-1995) puis de Jacques Chirac (1995-2002).

La Ve République au seuil du XXIe siècle

Aux élections présidentielles de 2002, le candidat de gauche est éliminé au premier tour et les Français ont le choix, au second tour, entre un candidat de la droite modérée, Jacques Chirac, et un candidat de la droite extrême, Jean-Marie Le Pen. Jacques Chirac est aisément réélu mais il effectue peu de réformes. **En 2007, Nicolas Sarkozy**, candidat de droite, est élu président de la République.
Il engage de nombreuses réformes.

QU'EST-CE QUE LA RÉVOLUTION

Dans la seconde moitié du XXe siècle, le monde connaît de grands bouleversements scientifiques, notamment dans l'énergie, les transports et la conquête de l'espace. C'est une nouvelle « révolution industrielle ».

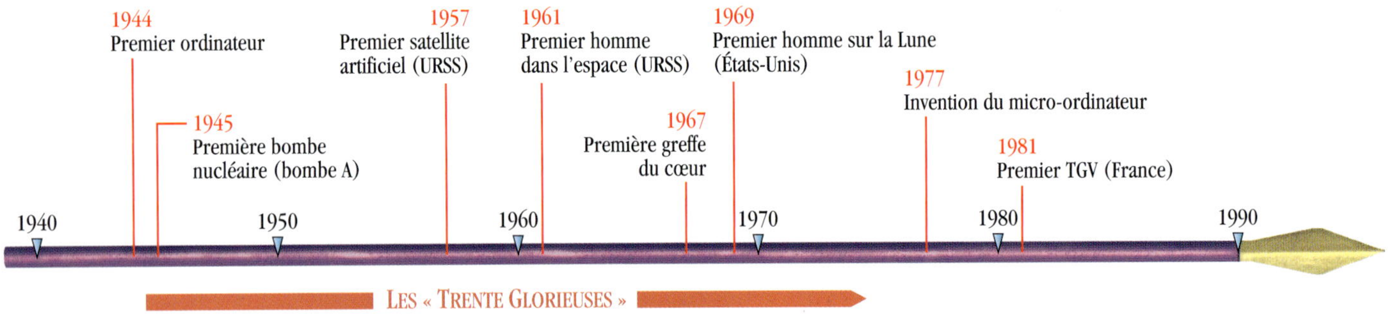

Doc. 1 Un des premiers satellites artificiels
(le satellite artificiel américain Courrier 1B, Cap Canaveral, États-Unis, 1960).
Un satellite artificiel est un objet lancé depuis la Terre et qui tourne autour d'elle. Il sert à nous donner des informations sur notre planète ou à faciliter les télécommunications.

1. Quel pays a envoyé dans l'espace le premier satellite artificiel ? Aide-toi de l'axe chronologique pour répondre.

Doc. 2
L'arrivée de la télévision dans les foyers
(une famille devant le poste de télévision, janvier 1954).

2. Décris cette photographie (Doc. 2).

3. À quoi vois-tu que la télévision est un nouveau moyen de communication ?

① Neil Armstrong sur la Lune (1969).

Doc. 3 L'homme a marché sur la Lune.
En 1969, pour la première fois dans l'histoire, un homme, l'Américain Neil Armstrong, marche sur la Lune.

② Vignette extraite de la bande dessinée « Les aventures de Tintin, On a marché sur la Lune » (Hergé, 1954).

4. En 1954, Hergé imagine le futur. Combien de temps sépare son dessin (②) des premiers pas de Neil Armstrong sur la Lune (①) ?

5. Explique cette phrase prononcée par Neil Armstrong : « C'est un petit pas pour l'homme, mais un grand pas pour l'humanité ».

Doc. 4 Le train à grande vitesse
(un Eurostar à la gare du Nord).
Inauguré en 1981, le train à grande vitesse (TGV) relie aujourd'hui à plus de 300 km/heure Paris à Lyon, Lille, Nantes, Rennes, Bordeaux, Strasbourg, Marseille, Londres, Bruxelles, Cologne. L'Eurostar permet par exemple d'aller de Paris à Londres en deux heures quinze minutes.

6. Dans quels pays voisins de la France peux-tu aller en TGV ?

7. Quel progrès le TGV a-t-il apporté ?

8. Quel autre moyen de transport concurrence-t-il ?

① Chaîne de montage des 4CV (usine Renault, France, 1952).

② Chaîne de montage de la Clio (usine Renault, Slovénie, 2004).

Doc. 1 De nouvelles formes de production : du travail à la chaîne aux robots.

1. Qu'est-ce que le « travail à la chaîne » ?

2. Compare ces deux photographies. Quelles différences remarques-tu ?

3. Quelles sont les conséquences de l'augmentation du nombre de robots dans les usines ?

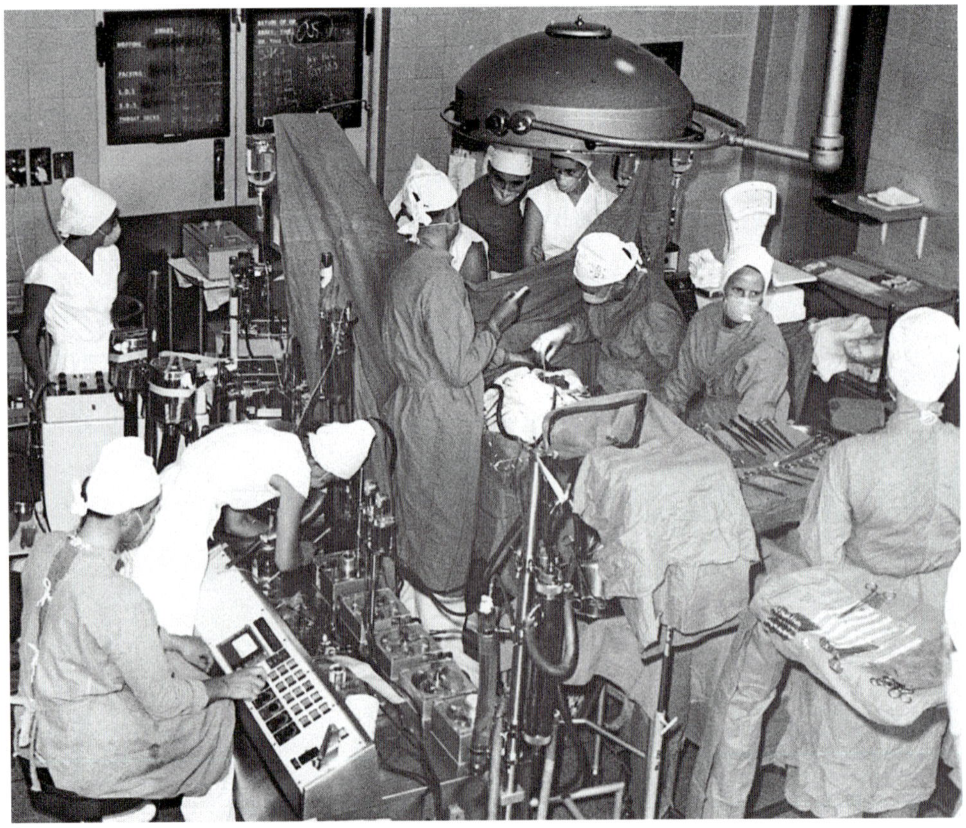

Doc. 2 D'importants progrès en médecine (la première greffe de cœur, Afrique du Sud, 3 décembre 1967).
Les progrès dans le domaine médical se sont accélérés après la Seconde Guerre mondiale : première greffe cardiaque (1967), création du premier scanner (1972), développement de nouveaux traitements et vaccins…

4. Cherche ce qu'est une greffe.

5. Décris la salle, les personnes présentes et le matériel utilisé.

Doc. 3
Des communications avec la planète entière : Internet
(un cyber-café à Times square, New York, États-Unis, 2000).

6. Décris cette photographie.

7. S'agit-il d'un « café » au sens traditionnel du mot ? Qu'a-t-il de particulier ?

8. À quoi sert Internet ?

Doc. 4
Les principaux échanges commerciaux au début du XXIe siècle.
Les progrès techniques dans les transports, dans l'industrie et dans les télécommunications ont permis aux échanges commerciaux de se développer fortement.

9. Avec quelles parties du monde l'Europe commerce-t-elle principalement ?

10. Cite deux exemples de progrès techniques qui ont facilité les échanges commerciaux.

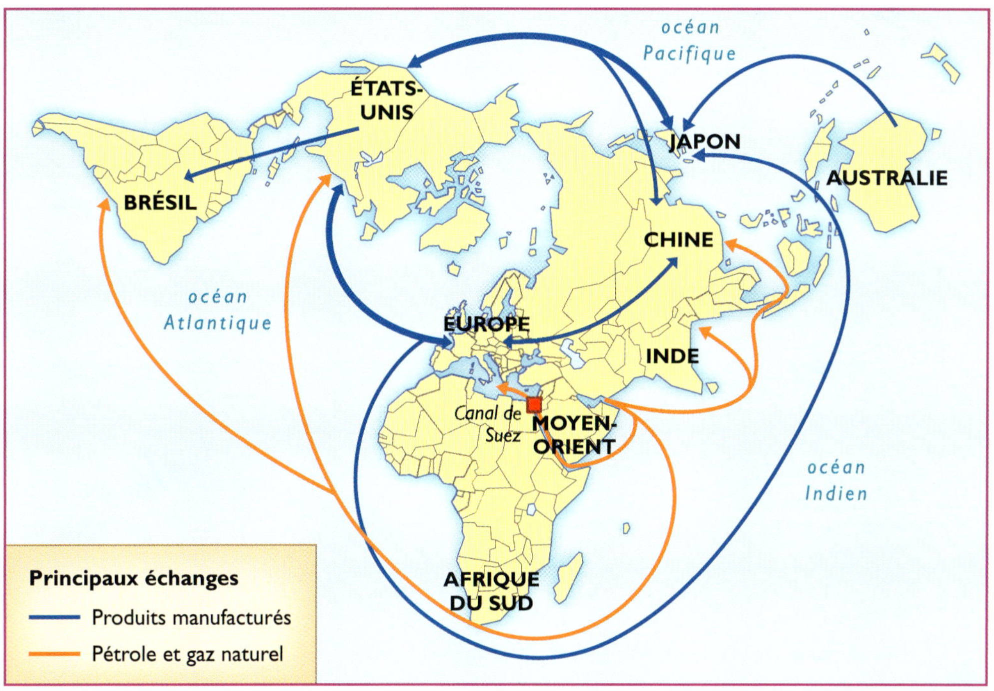

La miniaturisation

Depuis le premier ordinateur en 1944, les outils capables de stocker des données informatiques se sont beaucoup développés : leur taille a diminué, mais leur capacité de mémoire n'a cessé d'augmenter.

Le premier ordinateur (ordinateur ENIAC, université de Pennsylvanie, États-Unis, 1944).

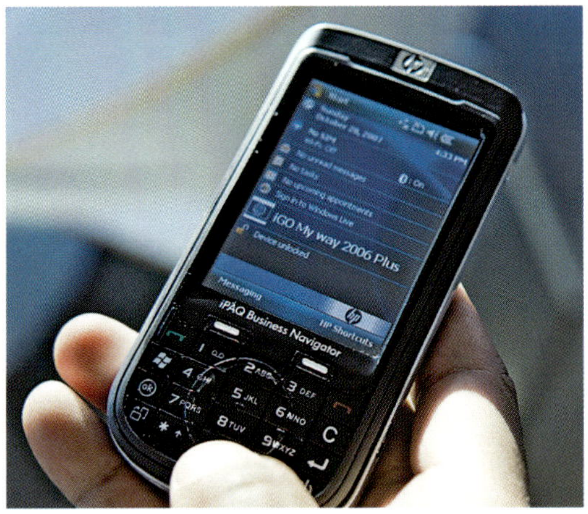

Un ordinateur de poche (2009).

L'armement nucléaire

La maîtrise de l'arme nucléaire témoigne de la puissance d'un pays.

	États-Unis	URSS	Autres puissances
Bombe atomique (bombe A)	1945	1949	Royaume-Uni : 1952 France : 1960 Chine : 1964
Bombe thermonucléaire (bombe H)	1952	1953	Royaume-Uni : 1957 Chine : 1967 France : 1968 Inde : 1998 Pakistan : 1998

Un futur imprévisible !

Ils l'ont dit ; ils avaient tort :

- sur la radio : « La radio n'a pas d'avenir. » (Lord Kelvin, mathématicien et physicien anglais, 1897) ;
- sur les avions : « Les avions sont des jouets intéressants, mais sans aucune valeur militaire. » (maréchal Foch, 1911) ;
- sur le cinéma parlant : « Qui diable voudrait entendre les acteurs parler ? » (Harry Warner, Warner Brothers, 1927) ;
- sur la conquête spatiale : « L'homme n'atteindra jamais la Lune, en dépit de toutes les futures avancées de la science. » (Lee De Forrest, l'un des inventeurs de la radio, 1967) ;
- sur les ordinateurs : « Il n'y a aucune raison pour qu'un individu quelconque possède un ordinateur chez lui. » (Kenneth Olsen, président fondateur de Digital Equipement, 1977).

Le progrès technique s'accélère

Pour passer de l'invention scientifique à l'exploitation industrielle, il a fallu :

- 112 ans pour la photographie (1727-1839) ;
- 56 ans pour le téléphone (1820-1876) ;

Un téléphone du XIXe siècle.

- 35 ans pour la radio (1867-1902) ;
- 15 ans pour le radar (1925-1940) ;
- 12 ans pour la télévision (1922-1934) ;
- 6 ans pour la bombe atomique (1939-1945) ;
- 5 ans pour le transistor (1948-1953).

Lexique

Astronaute : « qui navigue entre les astres », personne qui effectue des voyages dans l'espace, hors de l'atmosphère terrestre.

BCG : abréviation de « bacille de Calmette et Guérin », médecins qui ont inventé ce vaccin contre la tuberculose.

Satellite artificiel : objet lancé au moyen d'une fusée et qui tourne en orbite autour de la Terre.

CARNET DE ROUTE

Le XXe siècle : un siècle de progrès techniques

À partir du début du XXe siècle, les scientifiques réalisent d'importants progrès, notamment dans les domaines de la médecine (nouveaux vaccins, comme le **BCG**) et de la physique (création de la bombe atomique suite aux travaux d'Albert Einstein). Mais **c'est à partir de 1945 que le monde connaît une véritable révolution scientifique et technique.**

L'énergie et la conquête spatiale

La maîtrise de l'atome permet à l'homme de créer des centrales nucléaires, qui fournissent de l'électricité à bas prix. Parallèlement, différents pays se lancent à la conquête de l'espace : **Spoutnik**, le premier **satellite artificiel**, est envoyé dans l'espace par l'URSS en 1957. Le 21 juillet 1969, **deux astronautes américains** marchent sur la Lune. Aujourd'hui, de nombreux satellites gravitent autour de la Terre.

L'accélération du progrès

La révolution industrielle du XIXe siècle avait mis des dizaines d'années à s'étendre en Europe et en Amérique du Nord. Au XXe siècle, la révolution industrielle de **l'automobile** et **l'accélération des moyens de communication** se diffusent en un temps record en Europe, en Amérique, puis sur toute la planète. Les progrès sont multiples :

– les capacités de production sont multipliées grâce, notamment, à l'utilisation de **robots** ;
– **la conquête de l'espace** se poursuit et les moyens de transport sont de plus en plus rapides (avion à réaction, Train à Grande Vitesse) ;
– de grandes avancées sont réalisées en **médecine**, comme la greffe d'organes (cœur, rein…) ;
– **les moyens de communication** se multiplient (télévision, Internet…). Ils modifient les modes de vie et ouvrent à l'homme des horizons nouveaux.

Affiche publicitaire pour le cinématographe des frères Lumière (1895).

Je découvre l'histoire du cinéma

C'est en 1895 que les frères Lumière inventent le cinématographe et réalisent le premier film de l'histoire du cinéma. Très vite, cette nouvelle attraction de foire devient populaire en Europe et en Amérique du Nord.
Aux débuts du cinéma, les films sont en noir et blanc et sans son. La projection du film est souvent accompagnée par des musiciens présents dans la salle ou par des comédiens qui font les bruitages ou qui récitent un texte. Le cinéma sonore et parlant se développe réellement dans les années 1930. C'est aussi le moment où apparaît la couleur, avec l'invention de la caméra en technicolor. Mais cette technique très coûteuse ne se développe vraiment qu'après la Seconde Guerre mondiale.

Je découvre Charlie Chaplin et son film « Les Temps modernes »

1. Charlie Chaplin

Charles Spencer Chaplin est né en avril 1889 dans un quartier pauvre de Londres. Son enfance est très difficile. En 1908, il part avec une troupe de théâtre pour une tournée aux États-Unis. Il est alors engagé par les studios de cinéma Keystone. En 1914, il invente le personnage de Charlot, un vagabond au grand coeur. Ce personnage rencontre un succès immédiat auprès du public.
Charlie Chaplin écrit, réalise et vend alors lui-même ses films. La plupart d'entre eux sont des films humoristiques et engagés, qui dénoncent certains aspects de la société (« Les Temps modernes », 1936) ou critiquent les régimes politiques dictatoriaux comme le régime nazi (« Le Dictateur », 1940). En 1947, Chaplin est accusé de sympathies communistes. Il doit alors quitter les États-Unis pour l'Europe en 1952. Il meurt le 25 décembre 1977, en Suisse.

Charlie Chaplin en 1920.

2. Son film : « Les Temps modernes »

Ce film, réalisé en 1936, reste essentiellement muet, même si on y entend une fois la voix de Charlie Chaplin. L'objectif du cinéaste est de dénoncer les ravages du chômage, la pauvreté des ouvriers et les conditions de travail imposées par les progrès techniques et l'industrialisation croissante, notamment le travail à la chaîne.

Charlot entraîné par un rouage de la machine (« Les Temps modernes », 1936).

Je transforme un extrait de scénario en story-board

Un story-board est l'équivalent du scénario d'un film mais sous forme d'images : c'est une sorte de bande dessinée qui décrit chaque séquence du film afin d'aider à sa réalisation. Utilise le résumé du début du film « Les Temps modernes » ci-dessous pour recréer le story-board de cette scène.

RÉSUMÉ DU DÉBUT DES « TEMPS MODERNES »

Charlot arrive dans une usine gigantesque. Il travaille à la chaîne entre deux autres ouvriers. Au début, tout se passe bien. Mais très vite, les cadences s'accélèrent. Charlot n'arrive plus à suivre. Tout à coup, il est entraîné par la machine. Il suit alors toute la chaîne et passe à travers des rouages et des engrenages de tailles variées, parfois assis, parfois couché. L'ensemble est traité avec beaucoup d'humour.

Matériel

- 1 feuille de papier blanc format A3
- Un feutre ou un stylo noir
- Une règle

Pour créer ton story-board, procède par étapes :

1. Lis le résumé du début du film, recopie-le et découpe-le en séquences : chaque séquence doit présenter une action différente.

2. Sur une feuille de format A3, trace un rectangle de 10 cm de long et 5 cm de haut par séquence.

3. Dessine chaque séquence avec le plus de précision possible. N'oublie pas que Charlot est un personnage en noir et blanc et que le film est humoristique.

QU'EST-CE QUE LA

De 1944 à 1974, l'Europe occidentale et l'Amérique du Nord traversent une période de forte croissance. La France connaît alors de grandes transformations : le niveau de vie augmente, les Français consomment de plus en plus. Mais, à partir de la fin des années 1970, la croissance ralentit alors que la consommation reste forte.

- **1950** Création du Salaire minimum interprofessionnel garanti (SMIG)
- **1954** Appel de l'Abbé Pierre en faveur des sans-logis
- **1970** Le SMIC (salaire minimum interprofessionnel de croissance) remplace le SMIG
- **1982** Cinquième semaine de congés payés
- **1988** Création du revenu minimum d'insertion (RMI)
- **1993** 3 millions de chômeurs en France
- **1998** Semaine de travail de 35 heures

1950 — 1960 — 1970 — 1980 — 1990 — 2000

Doc. 1 L'ouverture du premier hypermarché en France (Sainte-Geneviève-des-Bois, 15 juin 1963).

1. Décris la scène (Doc. 1).

2. Qu'est-ce qu'un hypermarché ?

3. Quels liens existe-t-il entre « hypermarché » et « société de consommation » ?

LA SOCIÉTÉ DE CONSOMMATION

Pendant cette période (1945-1973), baptisée « les Trente Glorieuses », les Français ont bénéficié du progrès matériel le plus considérable et le plus rapide de leur histoire. La hausse spectaculaire du pouvoir d'achat leur a permis d'acheter des biens et des services d'une manière qui n'appartenait autrefois qu'aux catégories privilégiées de la société. La France entre dans une ère nouvelle, celle de la société de consommation, et celle-ci modifie radicalement les conditions de vie. Aux biens de consommation liés à la maison, il faudrait ajouter la diffusion spectaculaire de l'automobile.

Serge Berstein et Pierre Milza, *Histoire du XXe siècle, tome 2 : De 1945 à 1973, le monde entre guerre et paix*, © Hatier 1989.

Doc. 2

4. Quelle période est décrite dans ce texte ?

5. D'après les auteurs, qu'est-ce que la société de consommation ?

SOCIÉTÉ DE CONSOMMATION ?

Doc. 3
Publicité des années 1950.

6. Quels appareils ménagers sont représentés sur cette affiche ?

7. À qui cette affiche s'adresse-t-elle ?

8. À quoi le vois-tu ?

9. Lis ce qui est inscrit en bas de l'affiche. Qu'est-ce que la « production de masse » rend possible ?

10. Quel aspect de la société de consommation est ici illustré ?

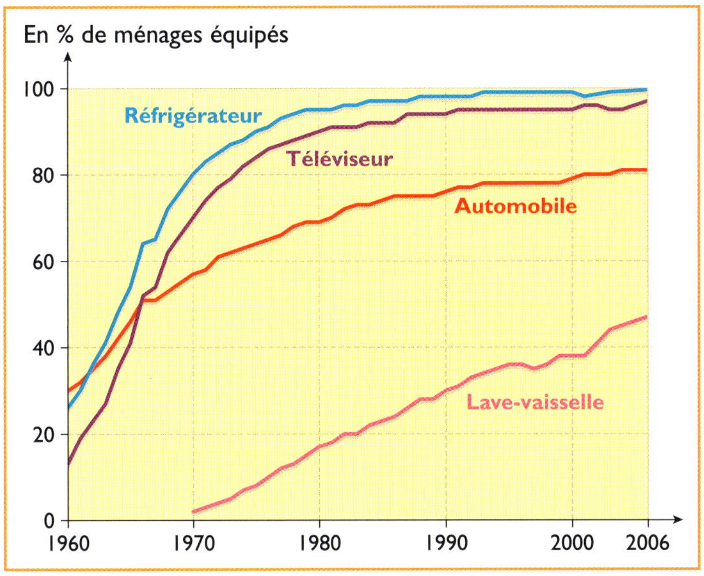

Doc. 4 L'équipement des Français de 1960 à 2006.

11. Quel pourcentage des ménages français avait un réfrigérateur en 1960 ? et en 2006 ?

Doc. 5 Une offre croissante de produits
(le rayon des appareils photo numériques d'un magasin spécialisé).
Aujourd'hui, pour chaque type de produits, le consommateur a le choix entre de nombreuses possibilités.

12. Décris cette photographie (Doc. 5).

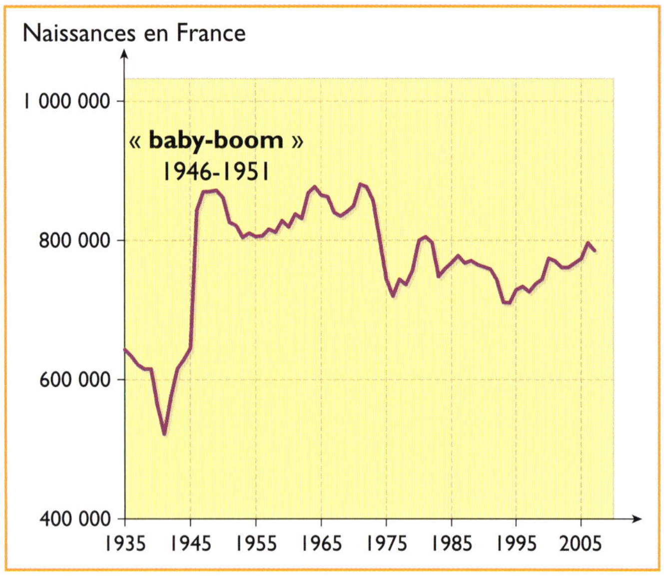

Doc. 1 Les naissances en France de 1935 à 2007.

1. Combien y a-t-il eu de naissances en 1945 ?

2. Que constates-tu entre 1945 et 1951 ?

3. Pourquoi a-t-on appelé cette période le « baby-boom » ?

4. En quoi cela a-t-il favorisé le développement de la société de consommation ?

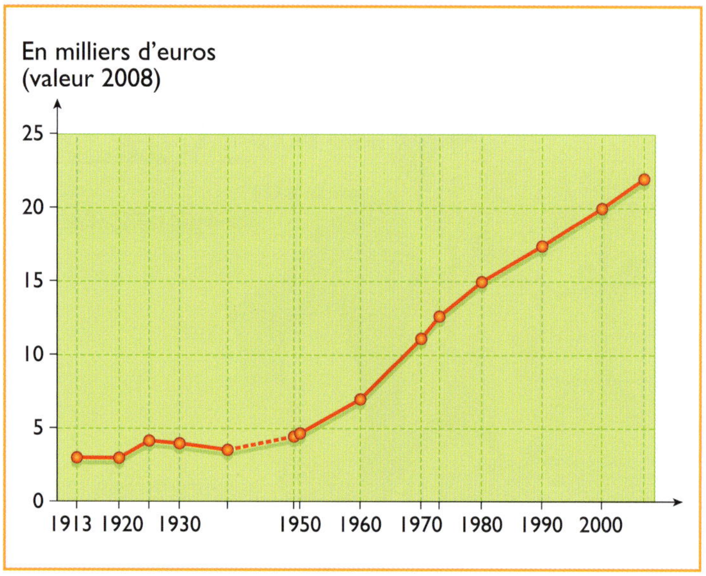

Doc. 2 L'évolution du revenu moyen par habitant en France entre 1913 et 2007.

5. Cherche ce qu'est le revenu moyen par habitant.

6. Durant quelle période ce revenu a-t-il augmenté le plus ?

Doc. 3
Un « drive in » aux États-Unis
(projection du film de Cécil B. de Mille « Les Dix Commandements », avec Charlton Heston dans le rôle de Moïse, 1957) .

7. Décris cette photographie.

8. Quel loisir est ici « consommé » ?

Doc. 4
Les transformations des modes de vie entre les années 1950 et aujourd'hui (familles françaises en vacances en 1950 ① et au début du XXIe siècle ②).

① Famille française campant dans les années 1950 (Andorre).

② Famille française campant dans les années 2000.

9. Décris ces deux photographies.

10. Cite trois transformations principales entre 1950 et aujourd'hui.

L'essor de la publicité

Même si elle n'est pas née en 1945, la publicité, de plus en plus débordante, est un des moyens les plus efficaces utilisés pour développer la consommation.

« L'objet de consommation doit être transformé en idole. Tel est le rôle principal de la publicité. Elle déclenche le besoin d'acheter en même temps qu'elle vante la qualité de l'objet en lui donnant des attraits auxquels l'acheteur n'aurait pas pensé. Ce sont les supports de la publicité – télévision, radio, magazines, films publicitaires – qui ont permis l'essor de la société de consommation. »

René Dumont, *La Société de consommation*, © D.-R.

La profusion des médias

Dérivé du pluriel d'un mot latin (« medium ») – qui signifie milieu, centre – le mot « média » désigne aujourd'hui les moyens par lesquels l'information circule. Derrière l'apparente liberté que cela semble procurer, l'homme du début du XXIe siècle est enfermé dans de nombreux réseaux de communications.

500 écrans pour un seul homme !

Internet : un « marché » mondial

À l'origine conçu comme un réseau de communications, Internet est devenu un grand « marché » mondial, avec la possibilité d'acheter en ligne des produits du monde entier.

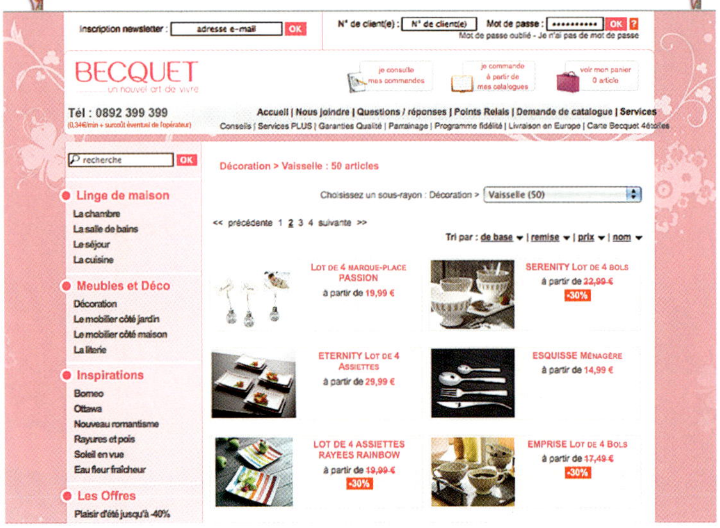

Page Web d'un site de vente en ligne (www.becquet.fr).

La culture de masse

Les loisirs culturels ont pris de plus en plus de place dans la vie des Français au cours du XXe siècle. Dans le domaine de la musique, bon nombre d'artistes sont devenus des modèles pour la jeunesse.

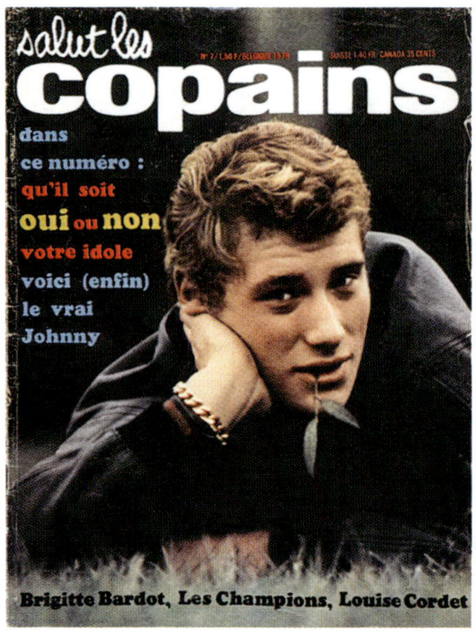

Johnny Hallyday, l'« idole des jeunes » dans les années 1960 (Une du magazine « Salut les copains », n° 7, 1962).

La révolte sociale pour accéder à une certaine forme de consommation

Caricature du dessinateur Plantu après des émeutes dans les banlieues (*Le Monde*, 9 octobre 1990). Ce type d'émeutes s'est répété au cours des années suivantes.

Lexique

Consommation de masse : type de consommation où un grand nombre de personnes cherche à acheter des produits similaires.

Crise : courte période (un an environ) marquée par de très graves difficultés économiques.

Croissance : augmentation de la production d'une année sur l'autre.

Dépression : longue période (plusieurs années) de difficultés économiques.

Trente Glorieuses : sur le modèle des Trois Glorieuses (journées révolutionnaires de juillet 1830), cette expression désigne une période de trente ans (allant de 1944/1945 à 1974/1975) marquée par la croissance économique et la hausse du pouvoir d'achat, en Europe occidentale et aux États-Unis.

CARNET DE ROUTE

La France des Trente Glorieuses

De 1945 à 1975, la France connaît une forte **croissance** économique, appelée par la suite les « **Trente Glorieuses** ». La société française se modifie rapidement. **Le niveau de vie des Français augmente** (il double quasiment entre 1953 et 1968), ce qui les encourage à consommer davantage. Ainsi, leur mode de vie change : par exemple, l'habitat devient plus confortable ; maisons et appartements sont équipés de nouveaux appareils ménagers. Cette **consommation de masse** fait qu'on parle, à partir de 1968, de « société de consommation ».

Parallèlement, à partir de 1945, la natalité connaît une forte hausse par rapport aux années 1930 : c'est le « baby-boom ». La population française augmente ainsi d'un tiers entre 1945 et 1975.

Les loisirs et la culture de masse

Dans la vie des Français, les loisirs occupent une place de plus en plus importante. Au fil du temps, ils s'uniformisent : on assiste au développement de la culture de masse. **La radio, le disque, le cinéma**, puis, à partir des années 1960, **la télévision remplacent de plus en plus les journaux et les livres**.

Le temps de la crise

Après le premier choc pétrolier de l'automne 1973, la France connaît un ralentissement de l'activité économique. À partir du milieu des années 1970, la France entre dans une période de **dépression**. Une grande partie de la société est touchée par la **crise**, notamment par le chômage.

Néanmoins, depuis la fin des années 1970, **la société de consommation** a continué à se développer (amélioration de produits existants, création de nouveaux produits…). Face aux risques de chômage et aux difficultés de la vie, l'attachement à la famille reste profond.

COMMENT EST NÉE

Après 1945, des pays d'Europe de l'Ouest cherchent à s'unir pour assurer la paix. Ils s'appuient sur la réconciliation franco-allemande mais rencontrent des difficultés, notamment en raison de la « guerre froide ». Le traité de Rome de 1957 qui crée l'« Europe des Six » est un premier pas.

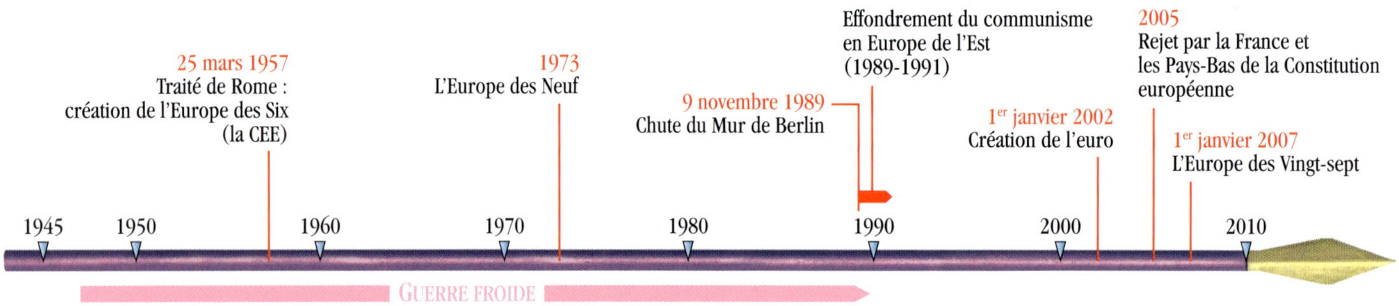

Doc. 1 L'Europe en 1957.

1. Quels pays font partie de « l'Europe des Six » ?

2. Lesquels de ces pays étaient membres de l'Axe en 1942 ?

3. Que remarques-tu concernant l'Allemagne ?

L'UNION EUROPÉENNE ?

Doc. 2 Les « pères de l'Europe » en 1951.
Photographiés ici de gauche à droite, l'Italien Alcide de Gasperi (1881-1954), l'Allemand Konrad Adenauer (1876-1967) et le Français Robert Schuman (1886-1963) sont considérés comme les « pères de l'Europe ». Ils appartiennent au courant politique de la Démocratie chrétienne.

4. Cherche pourquoi on a surnommé ces hommes les « pères de l'Europe ».

LE TRAITÉ DE ROME

Signé par les représentants de la France, de la Belgique, des Pays-Bas, du Luxembourg, de la République fédérale d'Allemagne (RFA) et de l'Italie, le traité de Rome crée la Communauté économique européenne (CEE), également appelée « Marché commun ».

Article 3

3.1 – Élimination, entre les États-membres, des droits de douane.

3.2 – Établissement d'un tarif douanier commun entre les États membres.

3.3 – Abolition, entre les États-membres, des obstacles à la libre circulation des personnes, des services et des capitaux.

3.4 – Mise en place d'une politique commune dans le domaine de l'agriculture.

Extraits du *Traité de Rome*, 25 mai 1957.

Doc. 3

5. Explique l'article 3.3.

6. Dans quel domaine les États-membres vont-ils mettre en place une politique commune ?

Doc. 4 Charles de Gaulle et Konrad Adenauer en Allemagne (Bonn, 5 septembre 1962).
Dès le début des années 1950, les dirigeants français et allemands sont persuadés que la paix ne sera possible en Europe que si leurs deux pays se réconcilient définitivement. Ce raisonnement est à l'origine du rapprochement franco-allemand.

7. Cherche quelle fonction politique occupe Konrad Adenauer en 1962.

8. Quels sont les deux pays moteurs de la construction européenne ? Pourquoi ?

① Construction du Mur de Berlin, 13 août 1961.

② Ouverture du Mur de Berlin, 9 novembre 1989.

Doc. 1 La chute du Mur de Berlin.
En août 1961, le gouvernement d'Allemagne de l'Est (RDA) fait construire un mur entre Berlin-Est et Berlin-Ouest. Ce mur est destiné à empêcher les Allemands de l'Est qui veulent fuir le communisme de passer à l'Ouest. Le 9 novembre 1989, devant l'ampleur des manifestations contre le régime communiste, le gouvernement d'Allemagne de l'Est doit ouvrir le Mur. C'est la fin de l'Allemagne de l'Est et le début de l'effondrement du communisme en Europe de l'Est. La CEE va pouvoir gagner de nouveaux membres.

1. Décris les deux photographies du Doc. 1.

2. Pourquoi le gouvernement est-allemand a-t-il fait construire un mur à Berlin ?

3. Pendant combien de temps le Mur de Berlin a-t-il rempli son rôle ?

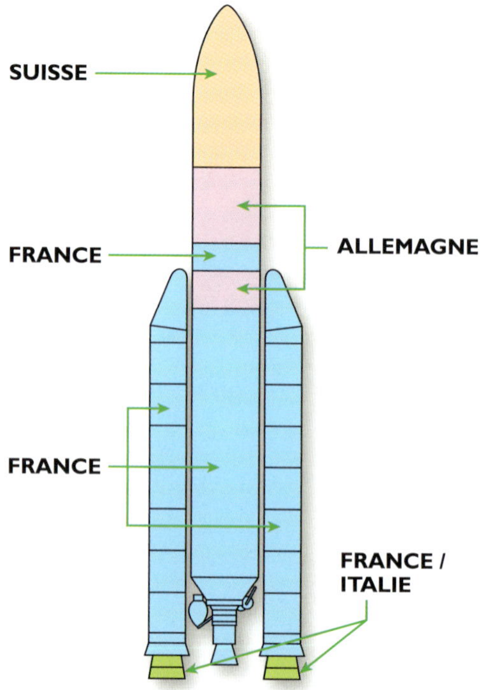

Doc. 2
Une réalisation européenne : la fusée Ariane.
La fusée *Ariane* décolle pour la première fois de la base de Kourou en Guyane en 1979. Onze pays européens participent à sa construction.

4. Quel pays n'appartenant pas à la CEE a participé à la construction de la fusée Ariane ?

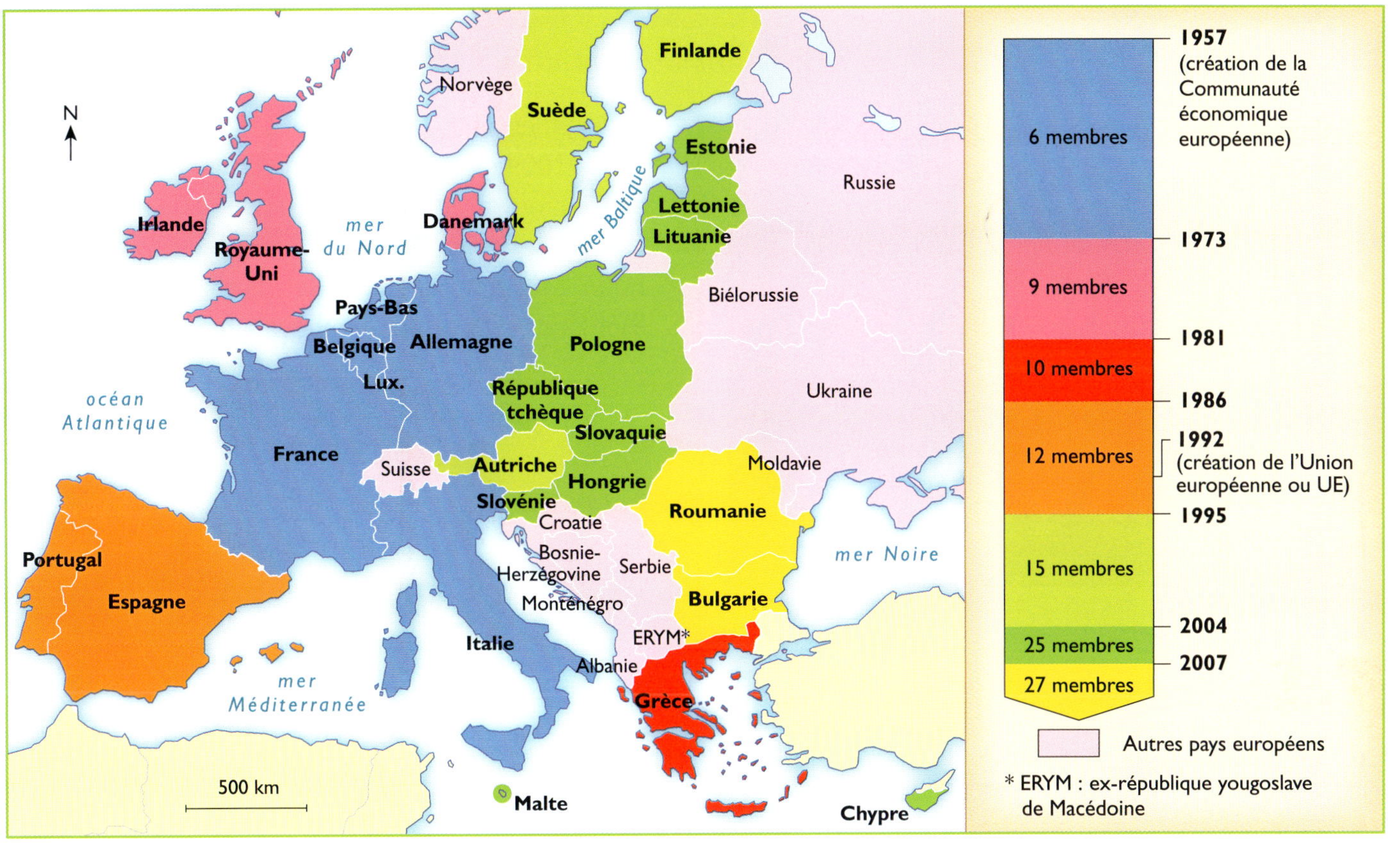

Doc. 3 **Les étapes de la construction européenne** (de 1973 à 2007).

5. Quels États européens ont disparu depuis 1957 ? Aide-toi du Doc. 1 page 52.

6. Quels nouveaux États sont apparus en Europe depuis 1957 ?

7. Par quoi la CEE est-elle remplacée en 1992 ?

8. Quels pays européens autrefois alliés de l'URSS font maintenant partie de l'Union européenne ?

Libération

Le jour le plus

NON

55,6% contre le Traité*

Les Français ont voté en masse (69,7%*)
Chirac promet une «nouvelle impulsion»
La gauche et la droite sont fracturées
L'Union poursuit le processus de ratification

*Estimations hier soir à 22h00.

Doc. 4
La difficile construction politique
(Une de Libération, 30 mai 2005).
Aujourd'hui, l'Union européenne a des difficultés à construire une unité politique. Ainsi, lors d'un référendum en mai 2005, les Français ont rejeté le Traité proposant une Constitution européenne.

9. Quel pourcentage des Français a dit « non » au Traité proposant une Constitution européenne ?

Des symboles pour l'Union européenne

• Ce drapeau est devenu le drapeau officiel de l'Union européenne en 1986.

• Mis en circulation le 1er janvier 2002, l'euro est en 2009 la monnaie de seize États-membres de l'Union européenne (Allemagne, Autriche, Belgique, Espagne, Finlande, France, Irlande, Italie, Luxembourg, Pays-Bas, Portugal, Grèce, Slovénie, Chypre, Malte, Slovaquie).

L'Europe et l'Union européenne

• Le mot « Europe » est un terme géographique. Il désigne un continent, qui s'étend de l'Atlantique à l'Oural.

• L'expression « Union européenne » est un terme politique. Il désigne une union de vingt-sept États européens.

• Certains États européens ne font pas partie de l'Union européenne :
- **la Suisse et la Norvège** qui ont refusé, par un vote, d'entrer dans l'Union européenne ;
- **la Biélorussie et l'Ukraine** ;
- **la Russie**, pays dont la majorité de la population vit en Europe ;
- les pays de l'ex-Yougoslavie : **Croatie, Serbie, Monténégro, Bosnie, ex-république yougoslave de Macédoine (ERYM)** ;
- **l'Albanie**.

En France, des référendums sur la construction européenne

À chaque grande étape de la construction européenne, le président de la République française consulte les citoyens par référendum.

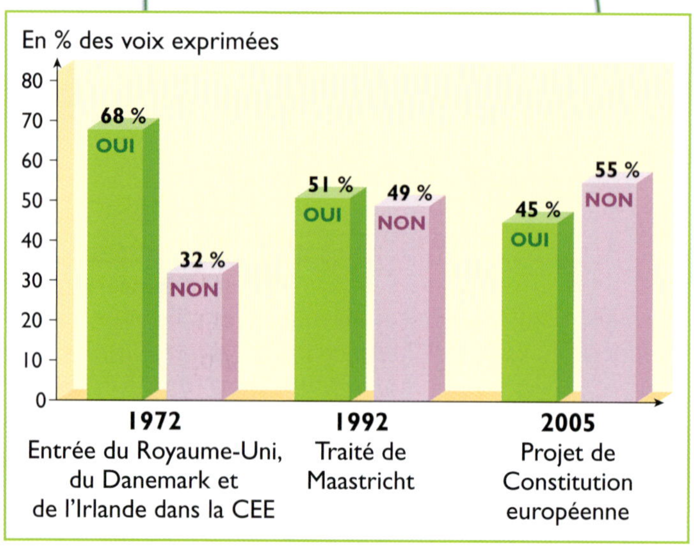

EUROPÉENNE

Les institutions européennes

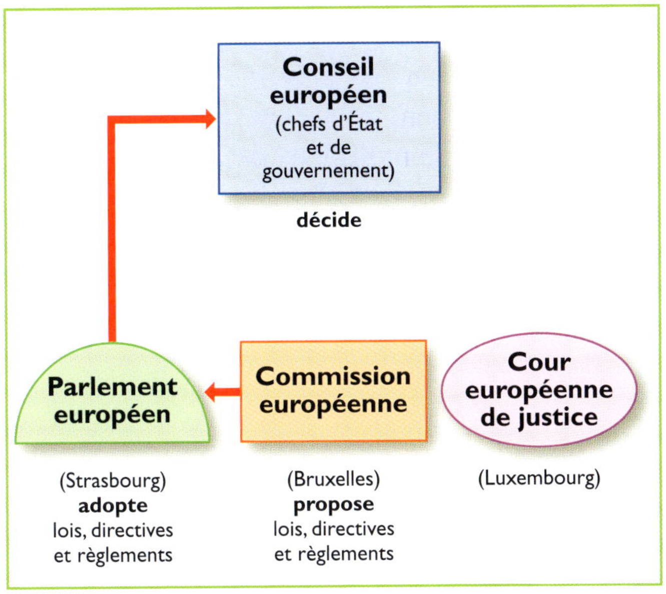

lexique

Communauté économique européenne (CEE) : union économique entre plusieurs pays européens suite à la signature du traité de Rome en 1957.

Guerre froide : tensions internationales entre l'Ouest (autour des États-Unis), également appelé « bloc de l'Ouest » et l'Est (autour de l'URSS), également appelé « bloc communiste ». La guerre froide débute en 1947, elle s'achève en 1989 avec la chute du mur de Berlin.

Traité de Maastricht : traité signé en 1992 à Maastricht (Pays-Bas) par les États membres de la CEE. Il crée une citoyenneté européenne et établit une union économique et monétaire européenne, baptisée « Union européenne ».

Union européenne (UE) : nom pris par la CEE en 1993.

CARNET DE ROUTE

Les débuts de la construction européenne

Après 1945, l'idée de créer les « États-Unis d'Europe » progresse en Europe de l'Ouest, et ce pour plusieurs raisons :
- l'arrivée au pouvoir dans plusieurs pays de démocrates-chrétiens très favorables à une union ;
- le nécessaire rapprochement entre la France et l'Allemagne, afin d'éviter une nouvelle guerre ;
- la crainte d'une offensive de l'URSS, en raison du contexte de **guerre froide** à partir de 1947.

La création de la **Communauté économique européenne (CEE)** est un grand succès : **en 1957, le traité de Rome** crée le Marché commun, rassemblant les pays de l'Europe des Six (Belgique, Pays-Bas, Luxembourg, France, RFA et Italie).

De six à vingt-sept membres

La CEE passe de six à quinze États membres entre 1973 et 1995. **En 1989, la chute du mur de Berlin**, qui marque l'effondrement du communisme, est un événement de première importance. Quand des États d'Europe de l'Est demandent à entrer dans l'**Union européenne (UE)**, celle-ci les intègre. Aujourd'hui, l'UE compte vingt-sept membres.

Les enjeux actuels

L'augmentation du nombre de membres rend plus difficile le fonctionnement de l'UE. Malgré des progrès (**traité de Maastricht** en 1992, création de l'euro en 2002), de nouveaux problèmes apparaissent :
- **Quelles limites géographiques** donner à l'Union européenne ? La candidature de la Turquie, dont 98 % du territoire se trouve en Asie, divise les Européens.
- Comment s'adapter à **la mondialisation** ?
- **Quelle nouvelle forme politique** lui donner ? Le projet de Constitution européenne est rejeté par référendum par les Français et les Hollandais en 2005.

Affiche publicitaire pour les biscuits Champagne (Alphonse Mucha, 1897).

Je découvre les débuts de la publicité

La publicité a toujours existé sous différentes formes. Mais c'est à partir de la seconde moitié du XIXe siècle, qu'elle prend de l'ampleur. Avec l'apparition des grands magasins et le développement des échanges, la publicité devient une nécessité. Les murs des villes se couvrent d'affiches vantant les mérites de tels ou tels produits ou services. Elles sont souvent créées par des artistes peintres, comme le Tchèque Alphonse Mucha.
Au XXe siècle, la publicité continue à prendre de l'importance, notamment à partir de 1950 et du développement de la société de consommation. Elle porte sur tous types de produits, sur des entreprises, des spectacles, des services… Les moyens utilisés évoluent également : si l'affiche reste présente, on voit se développer d'autres supports (prospectus, catalogues, publicités dans les journaux, via Internet…).

J'observe un type de publicité particulier

À partir du début du XXe siècle, on voit apparaître de plus en plus de publicités touristiques. Les voyages sont en effet facilités par le développement des transports. En France, c'est notamment à partir de 1936, année de création des congés payés, que ce type de publicité prend son essor. Les stations de sports d'hiver mais aussi balnéaires veulent attirer de nouveaux vacanciers.

Affiche publicitaire pour Brides-les-Bains (Léon Benigni, 1929).

Cette forme de publicité est toujours très présente aujourd'hui.

Affiche publicitaire pour la région Alsace (ADT 67).

JE CRÉE UNE AFFICHE PUBLICITAIRE

Le conseil régional veut relancer le tourisme dans ta région. Il souhaite créer une affiche publicitaire vantant ses qualités pour attirer de nouveaux vacanciers. Votre classe doit proposer plusieurs projets qui mettront en avant les atouts de la région.

Matériel

- Du papier blanc A4 pour le brouillon
- Des feutres, des crayons de couleurs
- De la peinture
- Des papiers de couleurs
- Une feuille au format poster

Pour créer votre affiche, procédez par étapes :

1. Par groupes deux ou trois, définissez le point fort de la région sur lequel vous voulez insister.
2. Cherchez le slogan (la phrase d'accroche) de votre affiche.
3. Choisissez la technique que vous allez utiliser (peinture, crayons, papiers collés, photomontage).
4. Sur une feuille A4, faites un brouillon pour définir l'emplacement des différents éléments.
5. Passez ensuite à la réalisation de votre affiche sur la feuille au format poster.

LES DATES CLÉS
ET DE NOTRE

1910 · 1920 · 1930 · 1940 · 1950 · 1

Première Guerre Mondiale
(1914-1918)

3 août 1914
L'Allemagne déclare la guerre à la France

1916
Bataille de Verdun

11 novembre 1918
Armistice

Juin 1919
Traité de Versailles

Georges Clemenceau (1841-1919)

Seconde Guerre Mondiale
(1939-1945)

Septembre 1939
Déclaration de guerre de la France et du Royaume-Uni à l'Allemagne

18 juin 1940
Appel du général de Gaulle

Charles de Gaulle (1890-1970)

Jean Moulin (1899-1943)

21 avril 1944
Droit de vote des femmes

9 mai 1945
Fin de la guerre en Europe

21 octobre 1945
Premier vote des femmes

25 mars 1957
Traité de Rome qui crée la CEE

1958
Création de la Ve République

DÉCOLONISATION

DU XXe SIÈCLE
ÉPOQUE

1970 — 1980 — 1990 — 2000

Ve RÉPUBLIQUE

Mai 1968
Grèves et émeutes

1974
Majorité et droit de vote à 18 ans

Charles de Gaulle (Président de 1958 à 1969)

Georges Pompidou (Président de 1969 à 1974)

Valéry Giscard d'Estaing (Président de 1974 à 1981)

François Mitterrand (Président de 1981 à 1995)

Jacques Chirac (Président de 1995 à 2007)

Nicolas Sarkozy (Président depuis 2007)

9 novembre 1989
Chute du mur de Berlin

CONSTRUCTION EUROPÉENNE

1992
Traité de Maastricht qui crée l'Union européenne

1er janvier 2002
Mise en circulation de l'euro, monnaie européenne

2005
Le « non » l'emporte en France et aux Pays-Bas lors de référendum sur le projet de constitution européenne

PETIT DICTIONNAIRE DU XXe SIÈCLE

A

Alliés : Pendant la Première Guerre mondiale, France, Royaume-Uni, Serbie, Belgique, Portugal, Russie (jusqu'en 1917), Roumanie, Italie (à partir de 1915), États-Unis et Grèce (à partir de 1917). Pendant la Seconde Guerre mondiale, la France et le Royaume-Uni (au début de la guerre) puis, de juin 1940 à juin 1941, le Royaume-Uni seul. Sont ensuite venus s'ajouter d'autres États, dont l'URSS, les États-Unis et la Chine.

Alternance : dans la vie politique française, remplacement, après une victoire électorale, d'un pouvoir de droite par un pouvoir de gauche (ou inversement).

Armistice : arrêt momentané des combats.

Astronaute : « qui navigue entre les astres », personne qui effectue des voyages dans l'espace, hors de l'atmosphère terrestre.

Axe : l'Allemagne, l'Italie et le Japon.

B - C

BCG : abréviation de « bacille de Calmette et Guérin », médecins qui ont inventé ce vaccin contre la tuberculose.

Camps d'extermination : six camps créés par les nazis en Pologne occupée pour exterminer les juifs et les Tziganes.

Camps de concentration : camps destinés à emprisonner des opposants politiques ou des individus jugés nuisibles. Il y eut des camps de concentration dans l'Allemagne nazie (de 1933 à 1945) et en URSS (de 1917 aux années 1960).

Cohabitation : situation politique dans laquelle un président de gauche doit nommer un gouvernement de droite parce que la droite a gagné les élections législatives (ou inversement).

Collaboration : pour la période 1940-1945, la coopération avec l'occupant allemand.

Communauté économique européenne (CEE) : union économique entre plusieurs pays européens suite à la signature du traité de Rome en 1957.

Consommation de masse : type de consommation où un grand nombre de personnes cherche à acheter des produits similaires.

Constitution : lois qui précisent le fonctionnement des institutions et du pouvoir politique d'un pays.

Crime contre l'humanité : l'assassinat, l'extermination, la déportation ou tout acte inhumain commis pour des motifs politiques, raciaux ou religieux à l'encontre de toute une population.

Crise : courte période (un an environ) marquée par de très graves difficultés économiques.

Croissance : augmentation de la production d'une année sur l'autre.

D

Décolonisation : processus qui mène à l'indépendance d'une colonie.

Dépression : longue période (plusieurs années) de difficultés économiques.

E - F

Empires centraux : l'Allemagne et ses alliés (Autriche-Hongrie en août 1914 puis Empire ottoman et Bulgarie).

Front : zone de combat entre deux armées.

G

Génocide : tout acte commis avec l'intention de détruire totalement ou en partie un groupe national, ethnique, racial ou religieux.

Guerre froide : tensions internationales entre l'Ouest (autour des États-Unis), également appelé « bloc de l'Ouest » et l'Est (autour de l'URSS), également appelé « bloc communiste ». La guerre froide débute en 1947, elle s'achève en 1989 avec la chute du mur de Berlin.

M - N

Mutinerie : pour des militaires, refus d'obéir à un ordre.

Nationalisation : appropriation par l'État d'entreprises, de banques… qui appartenaient auparavant à des personnes privées.

Nazi : abréviation de « national-socialiste », nom du parti sur lequel s'appuya Adolf Hitler pour prendre le pouvoir en Allemagne en 1933 et instaurer sa dictature.

P - R

Poilus : surnom affectueux donné aux soldats français de 1914-1918.

Référendum : vote au cours duquel les électeurs répondent par oui ou par non à une question qui leur est posée.

IVe République : république fondée en octobre 1946. Affaiblie par les guerres coloniales (Indochine et Algérie) et par de fortes oppositions à l'intérieur du pays, elle disparaît fin mai 1958.

Résistance : pour la période 1940-1945, le fait de combattre l'occupant allemand, italien ou japonais.

S

Satellite artificiel : objet lancé au moyen d'une fusée et qui tourne en orbite autour de la Terre.

Suffrage universel : droit de vote pour tous les citoyens majeurs (de 1848 à 1944, le droit de vote est uniquement masculin).

T

Traité de Maastricht : traité signé en 1992 à Maastricht (Pays-Bas) par les États membres de la CEE. Il crée une citoyenneté européenne et établit une union économique et monétaire européenne, baptisée « Union européenne ».

Trente Glorieuses : sur le modèle des Trois Glorieuses (journées révolutionnaires de juillet 1830), cette expression désigne une période de trente ans (allant de 1944/1945 à 1974/1975) marquée par la croissance économique et la hausse du pouvoir d'achat, en Europe occidentale et aux États-Unis.

U

Union européenne (UE) : nom pris par la CEE en 1993.

Union sacrée : rassemblement de toutes les forces d'un pays contre un ennemi commun.

URSS : Union des Républiques socialistes soviétiques ; nom donné, de 1922 à 1991, au régime communiste en Russie.

Crédits photographiques

Rabat avant : h. © Rue des Archives/The Granger Collection NYC ; **m.** © Rue des Archives/SPPS ; **b.** Portrait officiel de Charles de Gaulle, président de la République française (1958-1969) © Documentation française ; photographie : Jean-Marie Marcel. **P. 5 :** © Photo RMN. **P. 7 : h.** © De Agostini Pictures/Scala, Florence ; **b.** © Roger-Viollet. **P. 8 :** © Keystone-France/Eyedea. **P. 9 : h.** © Maurice Branger/Roger-Viollet ; **b.** © Roger-Viollet. **P. 10 : g.** © Maurice Branger/Roger-Viollet ; **d.** © Photo12.com/Oasis. **P. 13 : h. g.** © Rue des Archives/Varma ; **h.d.** © Rue des Archives/Tal ; **b.** © ECPAD/France. **P. 14 : h.g.** © Keystone-France/Eyedea ; **h.d.** © Collection IM/Kharbine-Tapabor. **P. 15 : h.g.** © Rue des Archives/SPPS ; **h.d.** © Rue des Archives/Mondange ; **b.** © Rene Saint Paul/Rue des Archives. **P. 16 : h.g et h.d.** © Photos12.com – Collection Bernard Crochet ; **m.g.** © Rue des Archives/ AGIP ; **b.g.** © Rue des Archives/Tal ; **b.d.** © Rue des Archives/Tal. **P. 17 :** © Rue des Archives/Collection CSFF. **P. 19 :** © akg-images. **P. 20 :** © akg-images. **P. 21 : h.** © Roger-Viollet ; **b.** ©Keystone-France/Eyedea. **P. 22 : h.** © Anne Frank Fonds – Basel/Anne Frank House/Getty Images ; **b.** © Ullstein Bild/Roger-Viollet. **P. 23 :** © FFDJF, « Le Mémorial des enfants juifs déportés de France », coll. Serge Klarsfeld. **PP. 24 et 25 :** © Thomas Geve (né en 1929), 1945 (pencil, colored pencil and watercolor on paper), collection of the Yad Vashem Art Museum, Jerusalem (gift of the artist). **P. 26 :** © Keystone-France/Eyedea. **P. 27 : h.** © Keystone-France/Eyedea ; **b.g.** © Keystone-France/Eyedea ; **b.d.** Portrait officiel de Charles de Gaulle, président de la République française (1958-1969) © Documentation française ; photographie : Jean-Marie Marcel. **P. 28 : h.** © Roger-Viollet ; **b.** © Rue des Archives/AGIP. **P. 29 : h.** © Dominique Berretty/Rapho/Eyedea ; **b.g.** © Roger-Viollet ; **b.d.** © Rue des Archives/Varma. **P. 30 : h.** © AFP ; **m.d.** © Keystone-France/Eyedea ; **b.g.** © Roger-Viollet. **P. 31 :** © Caron Contact/Press images. **P. 32 :** © Raymond Darolle/Corbis. **P. 33 : h.** © CIRIP/Gesgon et © M.F Adam Openo ; **b.** © Sichov/Sipa. **P. 34 :** © A.Gesgon/CIRIP. **P. 35 : h.** © Setboun Michel/Sipa ; **b.g.** © Niepce Janine/Rapho/Eyedea ; **b.d.** © Saura Pascal/Sipa. **P. 36 : h.g.** © Keystone-France/Eyedea ; **h.d.** © Vioujard Christian ; **m.g.** © Keystone-France/Eyedea ; **m.d.** © F. Bouchon/figarophoto ; **b.g.** © Patrick Othoniel/JDD/Gamma/Eyedea ; **b.d.** © Succession Faizant. **P. 37 :** © Daniel Bardou/Canal +. **P. 38 : h.** © AFP ; **b.** © Roger-Viollet. **P. 39 : h.g.** © Salaber/Gamma/Eyedea ; **h.d.** Hergé/Moulinsart 2009 ; **b.** © Bill Ross/Corbis. **P. 40 : h.g.** © Keystone-France/Eyedea ; **h.d.** © Michel Baret/Rapho/Eyedea ; **b.** © Bettmann/Corbis. **P. 41 :** © Lefranc David/Gamma N.-Y/Eyedea. **P. 42 : h.g.** © Heritage images/Leemage ; **h.d.** © Hewlett Packard France. **P. 43 :** © MP/Leemage. **P. 44 : h.** © Rue des Archives/CCI ; **b.** © Ullstein Bild/Roger-Viollet. **P. 45 :** © Rue des Archives/RDA. **P. 46 :** © Keystone France/Eyedea. **P. 47 : h.** © coll. Kharbine-Tapabor ; **b.** © Meigneux/Sipa. **P. 48. :** © J.R.Eyerman/Intermittent/Time & Life Pictures/Getty Images. **P. 49 : h.** © Collection Ribière/Sipa presse ; **b.** © Ausloeser/Zefa/Corbis. **P. 50 : h.** © Louie Psihoyos/Cosmos ; **b.g.** © Becquet ; **b.d.** © Kharbine Tapabor pour la Une et © Photo 12/Jean-Marie Périer pour la photographie de Johnny Hallyday. **P. 51 :** © Plantu. **P. 53 : h.** © Keystone-France/Eyedea ; **b.** © Bettmann/Corbis. **P. 54 : h.g.** © BPK/Klaus Lehnartz ; **h.d.** © Witt/Sipa. **P. 55 :** © Libération. **P. 56 :** © Thomas Fred/Hoa-Qui/Eyedea. **P. 58 : h.** © Photo Josse/Leemage ; **b.** © Rue des Archives/PVDE. **P. 59 :** © ADT 67/INFRA. **P. 60 : g.** © Roger-Viollet ; **m.** © Rue des Archives/SPPS ; **d.** © Roger-Viollet. **Rabat arrière : h.** © Keystone-France/Eyedea ; **m.** © L'Humanité/Keystone-France/Eyedea ; **b.** © Rick Gomez/Corbis.

Achevé d' imprimer en France par Loire Offset Titoulet à Saint-Etienne
Dépôt légal : Mai 2014 - Collection n° 74 - Édition 05
11/7446/5